U0896949

博弈：震荡格局中的中美拉三边贸易

史沛然　著

中国财经出版传媒集团
中国财政经济出版社

图书在版编目（CIP）数据

博弈：震荡格局中的中美拉三边贸易／史沛然著．
--北京：中国财政经济出版社，2021.12
ISBN 978－7－5223－0940－8

Ⅰ.①博…　Ⅱ.①史…　Ⅲ.①国际贸易－研究－中国、美国、拉丁美洲　Ⅳ.①F752 ②F757.12 ③F757.3

中国版本图书馆 CIP 数据核字（2021）第 239158 号

责任编辑：陆宗祥　高文欣　　　　责任印制：史大鹏
封面设计：卜建辰　　　　　　　　责任校对：张　凡

博弈：震荡格局中的中美拉三边贸易
BOYI：ZHENDANG GEJU ZHONG DE ZHONGMEILA SANBIAN MAOYI

中国财政经济出版社 出版
URL：http：//www.cfeph.cn
E－mail：cfeph@cfeph.cn

社址：北京市海淀区阜成路甲 28 号　邮政编码：100142
营销中心电话：010－88191522
天猫网店：中国财政经济出版社旗舰店
网址：https：//zgczjjcbs.tmall.com
北京财经印刷厂印刷　各地新华书店经销
成品尺寸：170mm×240mm　16 开　11.25 印张　131 000 字
2022 年 2 月第 1 版　2022 年 2 月北京第 1 次印刷
定价：52.00 元
ISBN 978－7－5223－0940－8
（图书出现印装问题，本社负责调换，电话：010－88190548）
本社质量投诉电话：010－88190744
打击盗版举报热线：010－88191661　QQ：2242791300

目　录

导　论

美国和中国分别是拉丁美洲和加勒比地区（下文简称“拉美”或“拉丁美洲”）的第一大和第二大货物贸易（下文简称“贸易”）伙伴，在拉美的全球贸易结构中均有着重要的地位和影响。对拉美而言，美国的重要性毋庸多言。在过去的两个多世纪里，无论是地缘政治还是经贸联系，美拉彼此都有着难以忽视对方的重要性：拉美是美国最重要的进口来源地和出口目的地之一；长期以来，美国都是拉美最主要的贸易伙伴，且贸易总额远超其他经济体。1994 年，美国、加拿大和墨西哥共同签署的《北美自由贸易协定》生效，若以国内生产总值计，北美自由贸易区是全球第一大自由贸易区；至 2018 年，这一人口近 5 亿人的自贸区的 GDP 总值达到了 24.8 万亿美元，人均 GDP 也超过了 5 万美元，依然是全球规模最大的自贸区之一①。在美国签署并

① 以购买力平价（PPP）计。数据来源：国际货币基金组织世界经济展望数据库，https：//www. imf. org/en/Publications/SPROLLs/world - economic - outlook - databases。

生效的20个自贸协定中，拉美国家占多数，除《美墨加协定》[①]外，美国还与智利、哥伦比亚、哥斯达黎加、多米尼加共和国、萨尔瓦多、危地马拉、洪都拉斯、尼加拉瓜、巴拿马、秘鲁等拉美国家签订了自贸协议，与阿根廷、巴西、厄瓜多尔、巴拉圭、乌拉圭和加勒比共同体[②]签订了贸易暨投资框架协定（TIFAs）[③]。

相较于美国这一传统贸易伙伴，中拉间的贸易往来在21世纪初出现了高速发展的趋势。尤其是全球金融危机以来，中国与拉美的贸易关系进一步深化。2019年时，双边贸易创下新高，进出口总额超过4000亿美元，较21世纪初增长了约20倍，中国也取代了美国，成为许多拉美主要经济体最大的贸易伙伴或最大出口目的地。在贸易规模几何倍数增长的同时，中拉贸易关系也在持续深化。目前，中国已与智利、哥斯达黎加、秘鲁签订了自贸协议，其中，与智利的升级自贸协定已于2019年3月生效，并与巴拿马和哥伦比亚分别展开了自贸谈判和自贸可研[④]。

然而，对于拉美而言，美国和中国这两个主要贸易伙伴，尽管经济总量和对拉贸易额的差距正在不断拉近，却也存在着鲜明的差异：美国与拉美同处西半球，有着复杂而历史悠久的经济、文化、政治乃至军事纽带。从地缘政治的角度来看，两者可谓密

① 前身即《北美自由贸易协定》，2018年9月起草，并在同年12月最终签订，2020年7月生效。

② 加勒比共同体（CARICOM）成员包括安提瓜和巴布达、巴哈马、巴巴多斯、伯利兹、多米尼克国、格林纳达、圭亚那、牙买加、海地、蒙特塞拉特、圣基茨和尼维斯、圣卢西亚、圣文森特和格林纳丁斯、苏里南，以及特立尼达和多巴哥。

③ 美国贸易代表办公室网站：https：//ustr. gov/trade - agreements。

④ 中华人民共和国商务部自由贸易区服务网：http：//fta. mofcom. gov. cn/。

不可分，缺一不可。墨西哥总统波费里奥·迪亚斯（José de la Cruz Porfirio Díaz Mori）在谈及本国与北方邻国的关系时曾感叹，墨西哥“离天堂如此远，离美国如此近”！这句话也成为拉美民众概括双边关系时流传最广的一句名言。反观中国，正是距拉美最远的国家之一。一些拉美国家地理上的对跖地就在中国。但遥远的地理距离和语言文化差异均不足以成为双边贸易高速发展的障碍，可以说，突飞猛进的中拉经贸关系正是南南合作的榜样。

近年来，由于全球贸易保护主义势头上升，全球贸易格局也出现了剧烈的震荡，发展中经济体受到的冲击尤其突出，也出现了大量有关全球价值链重整、重构的讨论。在此大背景下，中、美、拉三边贸易关系正是一个极好的研究案例：一方面，在全球性的突发事件下，距离遥远和距离相近的贸易伙伴的双边贸易关系如何变动？趋势是否出现变化？变化又是否在区域内存在共性？三方在各自贸易结构中的地位和重要性为何？均是本书试图回答的问题。另一方面，对于中国而言，与地理距离最遥远、但重要性与日俱增的拉美，共同维护双边关系的安全性和稳定性，并借此继续发掘新的贸易潜力，在当前全球经济发展的大格局下，既是现实需求，也无疑具备着挑战性。

本书共分为六章。第一章，文献综述。总结近年来关于 21 世纪中、美、拉三边贸易的主要文献。第二章，对近 20 年来三边货物贸易进行了描述性统计。第三章，通过使用全球贸易数据，以结算贸易伙伴可替代性指标的方式，寻找出对于中国和美国而言重点的贸易产品，特别是贸易伙伴，在全球的视野下找到拉美地区和区域内各个国家的位置后，再对拉美各国做一个全面的贸易伙伴可替代性评估。这一章，可以被理解为“全球中的拉美”。第四章，则是“中国与拉美”。从贸易研究领域最为广泛应用的拓展引力模型入手，结合双边显性比较优势指标，计算出拉美对华出口清单涉及产品的潜力。第五章，比较性案例研究，使用增加值贸易数据，从全球价值链的角度出发，以中国—巴西和美国—墨西哥的双边经贸关系为案例，探究拉美最大的两个经济体与中国和美国的经济联系。本书的结构如下：

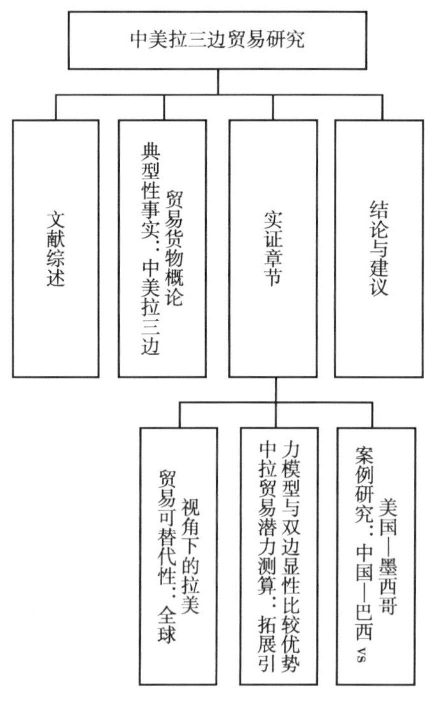

图 0－1　本书结构

第一章 文献综述

中拉和美拉贸易均不乏大量研究。其中，具有代表性的当属苏振兴（2014），他在《中国与拉丁美洲：未来10年的经贸合作》[①] 一书中，系统回顾和展望了21世纪以来的中拉整体和中国与部分重点国家的经贸合作，不仅总结了中拉经贸合作面临的机遇与挑战，更提出了继续深化合作，实现共同发展的建议，积极探寻中拉利益汇合点，并以经贸为重点，坚持全面合作的基本方针。隶属于联合国经济及社会理事会的拉丁美洲和加勒比经济委员会（下文简称“拉美经委会”，CEPAL）作为联合国体系内专门处理拉美区域间政治、经济事务的机构，长期研究拉美贸易的发展情况。随着中拉经贸关系近20年来的飞跃式发展，拉美经委会

① 苏振兴主编．中国与拉丁美洲：未来10年的经贸合作［M］．中国社会科学出版社，2014.

对中拉双边经贸关系进行了长期追踪。进入 21 世纪以来，中拉间的经贸关系已经与在 20 世纪的竞争关系发生了较大变化（Lall and Weiss，2007[①]）。Kuwayama and Rosales（2012）[②] 和 CEPAL（2008[③]，2015[④]，2018[⑤]）的研究结果均表明，中拉间的货物贸易，特别是中国对拉美产品的需求，对拉丁美洲的经济发展起到了重要拉动作用。但同时，中拉贸易间存在的结构性问题也随着双边贸易总量的不断提高而日益明显，扩大拉美国家对华出口多样性成为中拉贸易发展进入新阶段后的新命题。Jenkins，Peters and Moreira（2008）[⑥]从贸易和投资的角度就中国在拉美的影响做过系统性研究。他们将拉美国家分成两类：一类是以巴西为代表的原材料生产国和出口国，另一类则是以墨西哥为代表的工业产品出口国。前者通过成功扩大对中国出口而获得贸易顺差，而后者却更多地面临着来自中国制成品的竞争，特别是在美国这一拉美传统出口市场中，中国获得了大量原本属于拉美的市场份额。

---

① Lall S, Weiss J. China and Latin America: Trade competition, 1990 - 2002 [M]. OECD, 2007.

② Kuwayama M, Rosales O. China and Latin America and the Caribbean: Building a strategic economic and trade relationship [M]. ECLAC, United Nations, 2012.

③ CEPAL. Economic and trade relations between Latin America and Asia Pacific: The link with China [M]. ECLAC, United Nations, 2008.

④ CEPAL. Latin American Economic outlook 2016: Towards a New Partnership with China [M]. ECLAC, United Nations, 2015.

⑤ CEPAL. Exploring New Forms of Cooperation between China and Latin America and the Caribbean [M]. ECLAC, United Nations, 2018.

⑥ Jenkins R, Peters E D, Moreira M M. The impact of China on Latin America and the Caribbean [J]. World Development, 2008, 36 (2): 235 - 253.

这也使得拉美各国在面对中国带来的经济增长机遇时出现差异化。作者认为，在21世纪的第一个十年，拉美利用中国的机遇有限，与中国的经济关系的重要性也逊于经合组织成员国等传统盟友。同时，在与中国或是其他亚洲国家竞争时，拉美也不应该忽视其自身竞争力不足的内生性问题。Ferchen（2011）① 认为，在全球金融危机后的大宗商品繁荣周期中，中国对拉美初级产品的需求，带来了双方经贸关系的高速发展并促进了双方的经济繁荣；但同时需要承认，中拉现有的繁荣而紧密的双边经贸关系有其特定的时代背景，中国是否可以成为拉美经济增长的稳定引擎，需要双方更深的理解和合作。Armony and Strauss（2012）②研究了中国和拉美的双边互动，认为中拉双边关系由经贸关系主导，中国的经验，特别是经济发展的经验能够给拉美带来一定的启示。"走出去"战略引导中国来到"抵达之地"的拉美，未来的中拉关系将受双方的互动模式的驱动和影响。Wise（2016）③研究了中国和拉美国家签署的自由贸易协定，并认为拉美三国在其政策和改革路径上享有共通之处，正是这些共通之处使得智利、秘鲁和哥斯达黎加在"南南合作"的框架下成功与中国签

① Ferchen M. China – Latin America relations: Long – term boon or short – term boom? [J]. The Chinese Journal of International Politics, 2011, 4 (1): 55 – 86.

② Armony A C, Strauss J C. From going out (zou chuqu) to arriving in (desembarco): Constructing a new field of inquiry in China – Latin America interactions [J]. The China Quarterly, 2012, 209: 1 – 17.

③ Wise C. Playing both sides of the Pacific: Latin America's free trade agreements with China [J]. Pacific Affairs, 2016, 89 (1): 75 – 100.

署自由贸易协定。Bernal - Meza (2016)① 研究了中国和拉美在资本主义世界体系背景下的经济关系，认为中国作为一个世界大国，已经与该体系的核心、半边缘和边缘的其他经济体建立了经济、贸易和金融关系网络，而拉美普遍属于边缘经济体。Wise and Chonn Ching (2018)②使用发展经济学理论，分析了21世纪以来中国与一些拉美国家境界合作的动机。作者将拉美国家分成三类，并发现中国与以智利、哥斯达黎加和秘鲁为代表的中小型开放经济体的合作模式最为成功。通过签署自由贸易协定，这些国家不仅赢得了进入中国市场的“快车道”，而且扩大了增加值更高的产品的对华出口规模和种类。中国与拉美国家的关系究竟是合作型还是竞争型，更多的取决于拉美国家自身的资源禀赋和比较性优势，中拉关系并不应该被视为对美国的“威胁”或“冒犯”。而吕宏芬和郑亚莉 (2013)③、岳云霞和吴陈锐 (2014)④、柴瑜和郑猛 (2016)⑤、柴瑜和王效云

---

① Bernal - Meza R. China and Latin America relations: The win - win rhetoric [J]. Journal of China and International Relations, 2016.

② Wise C, Chonn Ching V. Conceptualizing China - Latin America relations in the twenty - first century: The boom, the bust, and the aftermath [J]. The Pacific Review, 2018, 31 (5): 553 - 572.

③ 吕宏芬，郑亚莉. 对中国—智利自由贸易区贸易效应的引力模型分析 [J]. 国际贸易问题，2013 (2): 49 - 57.

④ 岳云霞，吴陈锐. 中智自贸协定贸易效应评价——基于引力模型的事后分析 [J]. 拉丁美洲研究，2014, 36 (06): 55 - 59, 65.

⑤ 柴瑜，郑猛. 拉美自贸协定中贸易便利化水平测度——以哥伦比亚为例 [J]. 南开学报（哲学社会科学版），2016 (02): 21 - 32.

(2018)[①]、林屾（2020)[②] 和 Torre Medina（2020)[③] 等的实证研究均证明，中国和拉美国家签署的自由贸易协定在改善经贸合作双方的投资环境和推动双边/多边经济一体化的过程中均起到了积极的作用。在关注拉美受中美贸易关系变化潜在影响的文献中，González (2018) 发现，拉美地区与中国和美国两国的贸易额占该地区全球贸易总额的50%以上，因此，该地区的贸易发展在出现不确定性的同时，也迎来一系列机遇，拉美地区应当主动调整其出口政策和相关产业结构，力争“险境求生”，通过电子商贸等新贸易路径扩大对美和对华出口。Bouët and Laborde (2018) [④]使用静态的多国、多部门的一般均衡模型来评估加征关税的潜在影响，作者设定了美国多种加征关税的情况，发现美国政府难以通过增税途径来增加其国内福利或 GDP。在美国，可能少数部门会有增加值的收益，但收益很小，而且对其他部门不利。虽然中国的损失相对较小，但墨西哥经济的潜在损失却很大。

① 柴瑜，王效云．自贸协定中投资自由化水平评价——基于哥伦比亚三个主要自贸协定的研究［J］．太平洋学报，2018，26（12）：74－85.

② 中智自贸协定对企业创新与竞争力的效应［J］．拉丁美洲研究，2020，42（05）：26－48，155.

③ Torre Medina M. Chinese trade bilateralism and Latin America：The case of China－Chile Free Trade Agreement［J］. México y la cuenca del pacífico，2020，9（27）：109－128.

④ Bouët A，Laborde D. US trade wars in the twenty－first century with emerging countries：Make America and its partners lose again［J］. The World Economy，2018，41（9）：2276－2319.

Vadell (2019)①在南南合作的框架下分析中拉双边关系，指出在全球性金融危机之后，中国逐步走上全球经济网络的关键位置，这也让中拉关系由最初的贸易伙伴关系变得更为复杂和多元。后危机时代的中拉关系是否可以成为新的南南合作的榜样值得进一步关注。Timini and El – Dahrawy Sánchez – Albornoz (2019)② 在其分析中国对拉美投资和贸易渠道的实证研究中指出，至少在贸易这一渠道，中国如果出现意外经济放缓，会对拉美的经济增长产生负面影响。可见，中国在拉美贸易结构中的重要性是多方面的。此外，Eichenauer, Fuchs and Brückner (2021)③ 的研究也验证了中国在拉美日益增长的经济参与，而基于2002—2013年18个拉美国家的问卷调查数据表明，拉美国家对中国的评价出现了两极化加剧的趋势，这或许是因为区域内的不同国家在中国在拉经济参与加强后有得亦有失。

还有一些研究着眼于拉美的区域性大国和中国的经贸关系。其中，中国和巴西的双边关系最引人注目。Baumann (2009)④ 系统性回顾了中巴双边关系的主要特征，并指出巴西从中国对大宗

① Vadell J A. China in Latin America: South – South cooperation with Chinese characteristics [J]. Latin American Perspectives, 2019, 46 (2): 107 – 125.

② Timini J, El – Dahrawy Sánchez – Albornoz A. The impact of China on Latin America: Trade and foreign direct investment channels [J]. Banco de Espana Article, 2019: 7 – 19.

③ Eichenauer V Z, Fuchs A, Brückner L. The effects of trade, aid, and investment on China's image in Latin America [J]. Journal of Comparative Economics, 2021, 49 (2): 483 – 498.

④ Baumann R. Some recent features of Brazil – China economic relations [J]. 2009.

商品的大量需求中受益。Jenkins（2012）① 研究了中巴双边经济关系，认为贸易是双边关系的重要驱动力，但是，巴西对中国的出口局限于少数产品，其中初级产品的比重持续上升、制成品的比重相应下降，由此造成了出口结构的“初级产品化”问题。Jenkins and de Freitas Barbosa（2012）② 发现，在与中国的竞争中，巴西失去了部分美国、欧盟和拉美四国的市场。其中的原因不仅包括中国竞争力的上升，也在于巴西的产业链较其他拉美国家更为完整，且不像墨西哥通过北美自由贸易协定与北美市场建立了牢固的市场联系，因此巴西受到竞争的影响更为明显。Jenkins（2015）③ 还认为，巴西失去市场份额的重要原因是产品竞争力下降，雷亚尔的过高估值也起到了重要作用。da Silva Bichara et al.（2016）④ 在比较中国和巴西的商业周期趋同、经济结构和发展轨迹后发现，巴西和中国在贸易和生产专业化二者的关系上存在差异：巴西的贸易模式以产业内为主，而中国的贸易模式则以产业间为主导，这为中巴间的贸易互补带来机遇。大豆一度成

① Jenkins R. China and Brazil: Economic impacts of a growing relationship [J]. Journal of Current Chinese Affairs, 2012, 41 (1): 21 - 47.

② Jenkins R, De Freitas Barbosa A. Fear for manufacturing? China and the future of industry in Brazil and Latin America [J]. The China Quarterly, 2012, 209: 59 - 81.

③ Jenkins R. Is Chinese competition causing deindustrialization in Brazil? [J]. Latin American Perspectives, 2015, 42 (6): 42 - 63.

④ da Silva Bichara J, Monsueto da Silva S E, Moreira Cunha A, et al. Business cycle convergence and trade: Brazil and China in a changing world [J]. Journal of Economic Policy Reform, 2016, 19 (1): 39 - 64.

为中美拉的焦点产品。Gale，Valde and Ash（2019）[①]分析了中国的大豆进口数据后发现，中国在2018年后进口了更多的巴西大豆，但中国的总体进口量近15年来首次下降。美国农业部的十年期预测表明，即使关税仍然存在，中国将继续占全球大豆进口的大部分未来增长。但是美国农业部预测中国的进口增长速度比前十年要慢。预测显示，巴西将再次占到未来十年全球大豆出口增长的大部分，但增长速度将放缓。

在中国和墨西哥——拉美的另一个大型经济体——的双边研究中，研究重心主要聚焦在中墨在全球贸易市场的竞争性上。如Iacovone，Rauch and Winters（2013）[②]讨论墨西哥与中国在国际贸易中的竞争性，并发现中国产品对墨西哥产品造成了不对称的竞争性——墨西哥的小型公司受中国产品的影响更大，最终导致了跨国企业全球资源的重新配置。而Lin（2015）[③]使用2002—2012年的经合组织国际贸易商品数据，进行了相对市场份额分析和不变市场份额分析。主要结论是：自2007年以来，中国对墨西哥制成品出口的总负面影响已大大减少，同时中国在对美国市场的竞争地位方面与墨西哥越来越一致，巩固了其在高技术和中

① Gale F, Valdes C, Ash M. Interdependence of China, United States, and Brazil in soybean trade [J]. New York: US Department of Agriculture's Economic Research Service (ERS) Report, 2019: 1-48.

② Iacovone L, Rauch F, Winters L A. Trade as an engine of creative destruction: Mexican experience with Chinese competition [J]. Journal of International Economics, 2013, 89 (2): 379-392.

③ Lin Y. Is China relinquishing manufacturing competitiveness to Mexico in US markets? [J]. China & World Economy, 2015, 23 (4): 104-124.

高技术产品方面的竞争力，并在美国市场获得了市场份额，墨西哥和中国之间的竞争加剧，但也有合作的潜力。由于技术选择和专业化路径不同，中墨的产业内贸易或将得到加强。Fung et al.(2015)[①] 对比了中国、巴西和墨西哥的生产网络，发现在过去20年里，尽管中国的生产网络主要集中在亚洲，但其零部件贸易伙伴却越来越全球化。跟越来越多地与中国和东亚进行零部件贸易的巴西相比，墨西哥仍然专注于与美国的贸易。大中华区已经成为墨西哥和巴西进口零部件的主要来源，且中国－巴西－墨西哥联合生产网络预计将继续增长。

尽管近20年来中拉关系取得到了长足的发展，但客观上，拉美是最后被纳入中国跨地区合作战略的一个地区。周志伟和岳云霞（2016）[②] 论及中拉整体合作的机遇和挑战时也指出，拉美国家对中拉整体合作的诉求存在较大差异，实现中拉经贸目标存在难度，因此，中国应该在中拉合作中充当主动者和贡献者。朱文忠和张燕芳（2018）[③] 也发现，随着全球大宗商品进入下行周期及中国宏观经济进入“新常态”，中拉双方的经济发展均遭受了下行压力，因此，原有的以贸易为核心的合作模式或将无法满足当前双方的发展需求，中拉国际产能合作将成为未来双边合作

① Fung K C, Hwang H C, Ng F, et al. Production networks and international trade: China, Brazil and Mexico [J]. The North American Journal of Economics and Finance, 2015, 34: 421－429.

② 周志伟，岳云霞．中拉整体合作：机遇、挑战与政策思路［J］．世界经济与政治论坛，2016（05）：122－135.

③ 朱文忠，张燕芳．中拉产能合作的机遇、挑战与对策建议［J］．国际经贸探索，2018，34（04）：60－74.

的新模式。根据岳云霞（2018）[①] 对改革开放40年以来中拉双边关系进行的总结性论述，作者认为，中拉经贸合作已经从累计期和跨越期进入自主构建期。拉美对中国而言，已然由中国对外贸易的边缘地带向“一带一路”倡议的共建者转变。

在美拉贸易领域，最新的研究包括de Pineres and Ferrantino（2018）[②]首印于21世纪初的、着眼于拉美出口和经济增长，以及美洲自由贸易区前景的专著。Caliendo and Parro（2015）[③]以李嘉图模型论证《北美自由贸易协定》对墨西哥贸易的影响的研究，则是美墨贸易领域流传最广的实证研究之一：作者在李嘉图模型中建立了部门联系、中间产品贸易和生产中的部门异质性，以此量化关税变化带来的贸易和福利效应，并提出了新的方法来估计部门贸易弹性。根据这一方法，《北美自由贸易协定》的关税削减对成员国均有不同程度的影响，墨西哥和美国的福利分别增加了1.31%和0.08%，而加拿大的福利下降了0.06%。同时，墨西哥的成员国间贸易增长了118%，加拿大和美国则分别增长了11%和41%。而且作者发现，当生产结构没有考虑到中间产品或投入产出联系时，关税削减的福利效应就会减少。在此研究框架下，墨西哥是美墨加三国里最大的受益者。而2019年签署、次

---

① 岳云霞．中拉经贸合作：改革开放的动能、影响与导向［J］．海外投资与出口信贷，2018（06）：25－29.

② de Piñeres S A G，Ferrantino M J．Export dynamics and economic growth in Latin America：A comparative perspective［M］．Routledge，2018.

③ Caliendo L，Parro F．Estimates of the trade and welfare effects of NAFTA［J］．The Review of Economic Studies，2015，82（1）：1－44.

年生效的《美墨加协定》被视为《北美自由贸易协定》的2.0版本。该协定在提出国际贸易规则水平的同时，也出现了保护主义和单边主义的倾向。劳动力价格也是影响国际贸易的一个重要因素，这是美墨经贸关系的一个研究热点。Gandolfi，Halliday and Robertson（2017）[①]研究了1988—2011年美墨之间工资收敛的程度，发现两国间的工资收敛的证据并不显著。虽然移民、贸易和外国直接投资可能会减少美国和墨西哥的工资差异，但与总体工资差距相比，上述因素影响很小。换言之，墨西哥依然具备很大的劳动力成本优势。

目前国内对美墨加协定的研究主要沿三条线索展开：一是研究文本，从产业和法律层面研究此协议带来的全球性贸易规则和法律规则的变化，如金融服务规则（杨幸幸，2019）[②]、数字贸易规则（周念利和陈寰琦，2019）[③]、投资者—国家争端解决机制（池漫郊，2019；殷敏，2019）[④][⑤]和劳工标准（李西霞，2020）[⑥]

① Gandolfi D, Halliday T, Robertson R. Trade, FDI, migration, and the place premium: Mexico and the United States [J]. Review of World Economics, 2017, 153 (1): 1-37.

② 杨幸幸.《美墨加协定》金融服务规则的新发展——以GATS与CPTPP为比较视角［J］. 经贸法律评论，2019（04）：45-58.

③ 周念利，陈寰琦. 基于《美墨加协定》分析数字贸易规则“美式模板”的深化及扩展［J］. 国际贸易问题，2019（09）：1-11.

④ 池漫郊.《美墨加协定》投资争端解决之“三国四制”：表象、成因及启示［J］. 经贸法律评论，2019（04）：14-26.

⑤ 殷敏.《美墨加协定》投资者—国家争端解决机制及其启示与应对［J］. 环球法律评论，2019，41（05）：160-174.

⑥ 李西霞.《美墨加协定》劳工标准的发展动向及潜在影响［J］. 法学，2020（01）：183-192.

等。二是关注新协议对美、墨、加三国和全球经济的影响，代表性研究为洪朝伟和崔凡（2019）①，作者从北美区域价值链的角度分析了《美墨加协定》相关条款对全球贸易格局可能产生的影响，发现北美区域价值链是一个相对独立的生产网络，区域内国家具备极高的贸易和产业关联度，原产地要求提高可能对非成员国的汽车产业和钢铁产业造成负向冲击，也可能会导致北美区域价值链的重构效应、贸易转移效应和投资转移效应。此外，该协议对美国 GDP 存在正向促进作用，同时，对中国的负向冲击总体较小，但为了避免负向冲击，中国应该更加积极融入区域贸易组织，积极加入世贸组织改革的进程，推动自贸区谈判，反对歧视性贸易。三是着眼该协议对中国的潜在影响，如宋利芳和武皖（2019）② 的研究结果表明，《美墨加协定》一旦生效实施，将对中墨经贸关系发展产生不利影响：不仅将会抑制中国对墨汽车和纺织品出口贸易、影响中国的全球价值链分工，而且宽领域和高标准规则将会约束中墨自贸协定的谈判和签订，强化了墨西哥对中国非市场经济地位的定位，进而为中墨经贸合作带来阻碍。白洁和苏庆义（2020）③ 发现，《美墨加协定》将对中国经济造成有限的负面影响，并将影响中国的改革开放进程和外部环境。

---

① 洪朝伟，崔凡．《美墨加协定》对全球经贸格局的影响：北美区域价值链的视角［J］．拉丁美洲研究，2019，41（02）：25－43，154－155.

② 宋利芳，武皖．《美墨加协定》对中墨经贸关系的影响及中国的对策［J］．拉丁美洲研究，2019，41（02）：57－79，156.

③ 白洁，苏庆义．《美墨加协定》：特征、影响及中国应对［J］．国际经济评论，2020（06）：123－138，7.

还有一部分文献关注中、美、拉三边关系。Ratliff（2009）[①]梳理了新中国成立至全球金融危机爆发60年来的中拉关系的四个阶段，认为中国和美国在拉美地区的平衡或可为制定一个新的世界平衡设定一个模式。高奇琦（2015）[②]认为，中拉经济的持续发展会促使双边联系，但美拉传统定势会导致拉美对中拉互动产生强烈的不信任。中美在拉美问题上可能会出现紧张局面，因此，有必要建立良性的三边互动机制。Stalling（2020）[③]从依附论的视角切入，认为对依附关系进行改造有助于解释中国与包括拉美在内的发展中经济体的新关系。目前，与中国的经济联系已经成为拉美地区发展的重要决定因素之一。作者从依附关系在美拉关系中起到的作用展开，肯定了中国在现有的美拉关系中日益显著的重要性。此外，门罗主义，或是“新门罗主义”在三边关系的研究中被屡次提及。但皮雷斯和德纳西门托（2020）[④]指出，中美间的竞争不同于冷战，而且拉美与中国的经贸往来已经达到很高的水平，拉美地区难以再调整自身策略以适应美国的利益需求。

在此次全球贸易震荡发生之前，已经有相当的研究着眼于中

① Ratliff W. In search of a balanced relationship: China, Latin America, and the United States [J]. Asian Politics & Policy, 2009, 1 (1): 1－30.

② 高奇琦．中美拉三边关系的影响因素及其战略应对［J］．国际观察，2015（05）：132－144.

③ Stallings B. Dependency in the twenty－first century?: The political economy of China－Latin America relations [M]. Cambridge University Press, 2020.

④ 马科斯·C. 皮雷斯，卢卡斯·G. 德纳西门托，于蔷．新门罗主义与中美拉三边关系［J］．拉丁美洲研究，2020，42（04）：33－48，155.

美经贸关系，特别是中美经贸关系中的竞争性。在现有文献中，有一部分着重分析影响中美产生争端的原因：如于铁流和李秉祥（2004）[①] 认为，中美贸易不平衡主要是由于美国限制资本与技术密集型产品对华出口。周茂荣和杜莉（2006）[②] 发现，中美贸易存在紧密的联系和互补。曾铮和张路路（2008）[③] 认为，中美经贸紧张性的主要原因在于双方对于贸易利益核算方法上的差异。柳剑平和张兴泉（2011）[④] 的研究表明，争端多发生在贸易水平比较低的产业中。在本轮贸易震荡发生后，也出现了一批试图评估和研究从此次事件影响的实证性研究：如李春顶、何传添和林创伟（2018）[⑤]，黄鹏、汪建新和孟雪（2018[⑥]），余振等（2018）[⑦]，崔连标等（2018）[⑧]，周政宁和史新鹭（2019）[⑨] 等的

---

① 于铁流，李秉祥．中美贸易摩擦的原因及其解决对策［J］．管理世界，2004（09）：67－72，80.

② 周茂荣，杜莉．中国与美国货物贸易互补性的实证研究［J］．世界经济研究，2006（09）：45－52.

③ 曾铮，张路路．全球生产网络体系下中美贸易利益分配的界定——基于中国制造业贸易附加值的研究［J］．世界经济研究，2008（01）：36－43，85.

④ 柳剑平，张兴泉．产业内贸易、产业结构差异与中美贸易摩擦——与中日贸易摩擦的比较分析［J］．世界经济研究，2011（05）：27－32，63，87－88.

⑤ 李春顶，何传添，林创伟．中美贸易摩擦应对政策的效果评估［J］．中国工业经济，2018（10）：137－155.

⑥ 黄鹏，汪建新，孟雪．经济全球化再平衡与中美贸易摩擦［J］．中国工业经济，2018（10）：156－174.

⑦ 余振，周冰惠，谢旭斌，王梓楠．参与全球价值链重构与中美贸易摩擦［J］．中国工业经济，2018（07）：24－42.

⑧ 崔连标，朱磊，宋马林，郑海涛．中美贸易摩擦的国际经济影响评估［J］．财经研究，2018，44（12）：4－17.

⑨ 周政宁，史新鹭．贸易摩擦对中美两国的影响：基于动态 GTAP 模型的分析［J］．国际经贸探索，2019，35（02）：20－31.

研究主要都是从一般均衡模型出发，并均得出中美经济将会在不同程度上受到负面影响的结论。亚洲开发银行（Asian Development Bank，2018）[①] 基于其截至 2017 年的多边投入产出表，计算了全球贸易震荡对亚洲发展中国家的影响，认为如果全球贸易不确定性进一步升级（如美国对中国产品加征 25% 的关税），亚洲的发展中国家短期将受到直接的影响。如果中长期内全球价值链发生转移，东南亚国家将从这种"转移效益"中受益，但无论全球价值链在亚洲国家内如何发生转移、中国经济受到多大的负面冲击，美国的贸易逆差总额恐难降低。肖志敏和冯晟昊（2019）[②] 进一步在 GTAP 模型中引入了增加值分解，发现以出口增加值衡量的中国出口受损程度要小于美国，但此轮震荡会对以生产国际分割为特征的产品贸易规模产生负面效应，进而影响全球价值链。刘超和李瑞（2019）[③] 讨论了中美关税的变化对中国大陆与台湾之间贸易福利的影响，并发现中低技术行业受到显著影响，且有利于中国大陆对中国台湾地区的出口。Carvalho，Azevedo and Massuquetti（2019）[④] 研究中美两国和一些新兴经济体受到的影响。

---

① Asian Development Bank. 2018 – 08. Asian development outlook（ADO）2018 update：Maintaining stability amid heightened uncertainty［BD/OL］. https：//www. adb. org/publications/asian – development – outlook – 2018 – update.

② 肖志敏，冯晟昊．中美贸易摩擦的经济影响分析——基于增加值贸易视角［J］．国际经贸探索，2019，35（01）：55 – 69.

③ 刘超，李瑞．中美关税变动对两岸贸易福利的影响分析［J］．亚太经济，2019（03）：141 – 148，152.

④ Carvalho M，Azevedo A，Massuquetti A. Emerging countries and the effects of the trade war between US and China［J］. Economies，2019，7（2）：45.

文章考虑了美国实施保护主义措施和中国实施反击措施两种情景，结果表明，一方面，美国贸易赤字将降低，受较高进口关税影响的部门的国内生产也会增加，而中国的生产者和消费者将承担此轮贸易不确定性和全球价值链震荡的绝大部分负担。但是，另一方面，由于配置效率大幅下降，中美和全球都会在福利方面有所损失，美国的损失尤其大。同时，随着两个最大的全球经济体间保护主义的强化，一些重要的新兴国家，将通过把需求转移到他们具有比较优势的部门而受益。如阿根廷和巴西，包括大豆在内的初级部门的收益较大，而在墨西哥和印度，电子设备和其他机械等工业化部门受益最大。Devarajan et al. （2021）①也使用一般均衡模型评估了发展中经济体的应对之策：结果显示，对发展中国家来说，卷入争端并跟随美国加征关税是最不明智的选择，而与非美国地区形成区域贸易协定并放开对美国进口商品的关税则是最佳选择。这是因为美国与其主要贸易伙伴之间的贸易冲突为发展中国家增加对这些市场的出口创造了机会。放开关税可以提高发展中国家的竞争力，并从中受益。整体而言，这些研究均在不同程度上验证了 Ossa （2014）②的研究结论：国际贸易政策合作破裂带来的政府福利损失平均要远远高于未来多边贸易谈判可能带来的政府福利收益。

---

① Devarajan S, Go D S, Lakatos C, et al. Traders' dilemma: Developing countries' response to trade wars [J]. The World Economy, 2021, 44 (4): 856 - 878.

② Ossa R. Trade wars and trade talks with data [J]. American Economic Review, 2014, 104 (12): 4104 - 4146.

Lin and Wang（2018）[①] 也从结构经济学的角度分析了中美贸易间的不平衡。他们的研究发现，以劳动密集型产业为主的东亚地区长期以来就是美国贸易逆差的原地，而随着中国劳动力成本的不断上升，美国对华贸易逆差最终将缩小。Chong and Li（2019）[②] 从历史视角分析起因，认为源头来自贸易逆差、美国中期选举和全球经济主导地位之争，并认为双方的诉求可能存在根本性差异。宋泓（2019）[③] 也从历史的角度回顾了70年来的中美经贸关系，指出健康稳定的中美关系是双边经贸合作的基础，多边乃至全球化的平台更是中美两国经贸关系进一步发展的制度保障。世界银行2020年度《世界发展报告》[④] 从全球价值链的视角进行评估，认为如果双边贸易紧张局势无法得到缓解，或将扰乱全球价值链，导致美国和中国之间价值链上的投入来源的重新分配，也可能造成受贸易转移影响的部门和国家调整生产成本。基于一般均衡模型的估算结果显示，美国从中国进口的中间产品可能会在较长时期内下降41%以上，高于9%的消费品下降和26%的投资品下降的幅度。东艳和徐奇渊等（2021）[⑤] 从国际秩

---

① Lin J Y, Wang X. Trump economics and China－US trade imbalances［J］. Journal of Policy Modeling, 2018, 40（3）: 579－600.

② Chong T T L, Li X. Understanding the China－US trade war: Causes, economic impact, and the worst－case scenario［J］. Economic and Political Studies, 2019, 7（2）: 185－202.

③ 宋泓．中美经贸关系的发展和展望［J］．国际经济评论，2019（06）：74－99,6.

④ World Bank. World development report 2020: Trading for development in the age of global value chains［M］. The World Bank, 2020.

⑤ 东艳，徐奇渊．直面中美贸易冲突［M］．中国社会科学出版社，2021.

序的互动和美国对华政策转变的宏观大背景出发，对本轮全球经贸大震荡格局进行全面的分析和评估，从关税、投资、技术和金融等角度分别讨论了中国的应对措施，并提出了应坚定不移地深化改革，深化区域合作和多边合作的建议。

本书主要关注的是全球经贸大震荡格局下中、美、拉三边的贸易关系，特别是拉美在中美贸易格局中的“可替代程度”。在现有的讨论贸易产品/贸易对象的可替代性的文献中，一部分文献着眼于讨论外国进口对本国产品的可替代性，这一类文献主要使用阿明顿贸易替代弹性（Armington Elasticity）进行测算，McDaniel and Balistreri（2003）①对此进行了回顾性研究，孙飞、吴崇宇和陈福中（2017）②的研究表明，中国进口商品和国内商品存在互补性特征，而 Feenstra et al.（2018）③进一步区分了国外替代进口来源之间的替代弹性（微观）与国内外进口来源之间的替代弹性（宏观），并发现微观阿明顿弹性的替代性更为显著。而关注出口国之间的贸易产品可替代性，特别是细化到产品/产业层面的研究中，许多研究着眼于出口国的相互竞争性的角度。Baldwin and Ito（2008）④通过对 1997—2006 年的全球贸易数据进

① Mc Daniel C A, Balistreri E J. A review of Armington trade substitution elasticities [J]. Economie internationale, 2003 (2): 301 -313.

② 孙飞，吴崇宇，陈福中．中国进口商品价格传导效应及其变动趋势：进口商品 Armington 替代弹性的视角［J］．中国工业经济，2017（07）：81 -98.

③ Feenstra R C, Luck P, Obstfeld M, et al. In search of the Armington elasticity [J]. Review of Economics and Statistics, 2018, 100 (1): 135 -150.

④ Baldwin R E, Ito T. Quality competition versus price competition goods: An empirical classification [R]. National Bureau of Economic Research, 2008.

行分析，发现贸易替代/竞争可以被分为价格和质量的竞争/替代，欧美等发达经济体质量替代更为显著，而中国、加拿大和澳大利亚基于价格的贸易替代更常见。Iacovone, Rauch and Winters (2013) ①比较了中国和墨西哥在企业和产品层级的竞争关系，Flückiger and Ludwig (2015)② 使用1995—2008年间22个欧洲国家和中国的贸易数据，在产品层面构建了出口竞争力指数，以分析中国和欧洲在出口贸易中的竞争力和可替代程度，并指出中国产品对欧洲产品的可替代性主要来自前者的高出口强度。

---

① Iacovone L, Rauch F, Winters L A. Trade as an engine of creative destruction: Mexican experience with Chinese competition [J]. Journal of International Economics, 2013, 89 (2): 379 - 392.

② Flückiger M, Ludwig M. Chinese export competition, declining exports and adjustments at the industry and regional level in Europe [J]. Canadian Journal of Economics/Revue canadienne d'économique, 2015, 48 (3): 1120 - 1151.

第二章

典型性事实：中美拉三边货物贸易及中美“清单”

第一节　中美双边货物贸易概况

21 世纪以来，中美双边货物贸易发展迅速，并呈现以下特征：

第一，中美双边贸易规模持续扩大。中国对美国的货物贸易出口额从中国正式加入世贸组织时的 543.55 亿美元（2001 年）上升至 2017 年的 4303.28 亿美元，从美国的货物贸易进口额则从 2001 年的 262.17 亿美元上升至 2017 年的 1544.42 亿美元：无论是进口还是出口，增长都达到了将近 10 倍。

第二，中美成为彼此重要的贸易伙伴，在各自全球贸易体系中的作用益发重要。对美国而言，中国已经成为其最重要的贸易伙伴之一：2001 年，中国是美国第九大出口目的地，美国对中国出口总额仅占其全球总出口的 2.70%，至 2017 年，这一数据已经达到 9.18%，增长了将近 4 倍，中国也成为继加拿大和墨西哥之后的美国第三大出口伙伴；在进口方面，中国的重要性更是突出：美国自中国进口金额占其总进口的比重从 2001 年的 8.96% 上升至 2017 年的 21.85%，增长将近 3 倍。2001 年时，中国是美国的第四大进口来源地，到了 2017 年，中国已然成为美国第一大进口来源地，超过了美国在北美自由贸易区的其他两个成员国。而美国在过去的 20 年间（1997—2017 年）始终是中国重要的贸易伙伴：2017 年，中国自美国进口总额和对美国出口总额在中国的全球进出口贸易总额中分别占 9.02% 和 19.13%（图 2－1）。

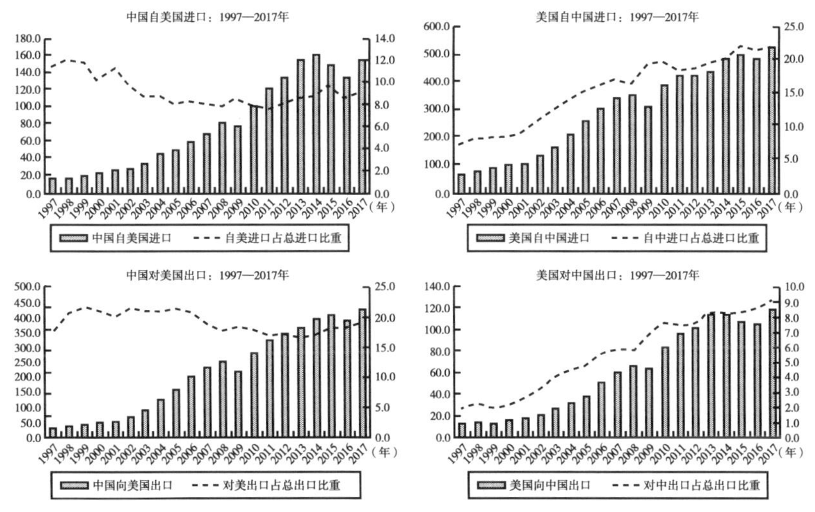

图 2－1　中美双边货物贸易数据：1997—2017 年

数据来源：WITS 数据库。数据单位为十亿美元。中国和美国为报告方。

第三，中美双边贸易的产品结构相较中国加入世贸组织之初发生变化，中国有能力向美国提供更多的资本品。图 2-2 显示了 2001 年和 2017 年中美双边进口产品结构的差别：2001 年时，资本品是中国自美国进口比重最大的产品，占全年度进口总额的 55.81%，但到 2017 年时，虽然资本品进口所占比重依然最大，但数值下降到 38%，中国自美国进口的消费品和原材料比重均有所上升，特别是对美国消费品的进口已经达到全年进口总额的 19%。反观美国，美国自中国进口的原材料和中间品的比重多年来相对稳定，但对中国资本品的进口则从 2001 年的 25.68% 上升至 2017 年的 47.87%。这一比例的变化意味着，随着中国工业化进程的发展，中国已经有能力向美国出口更多的制成品，特别是工业制成品。在按部门进一步细化两个年度的中美双边货物贸易数据并根据协调制度编码（Harmonized System Codes，下文简称“HS 编码”）后不难发现，2001 年时，电子机械产品是中美双方最重要的贸易商品，中国进口占自美进口总额的 43.44%，美国进口则占自华进口总额的 32.71%；但到了 2017 年，中国自美国进口的电子机械产品的比重下降到自美进口总额的 20.76%，交通产品和植物产品的进口总比则分别上升到 18.93% 和 11.07%，而美国自中国进口的电子机械产品的金额达到 2619.90 亿美元，占当年自华进口总额的 49.81%。这表明中国的科技水平，尤其是中高科技产品生产能力有了明显的提高，有能力自行生产以前必须通过进口才能获得的中高科技产品。

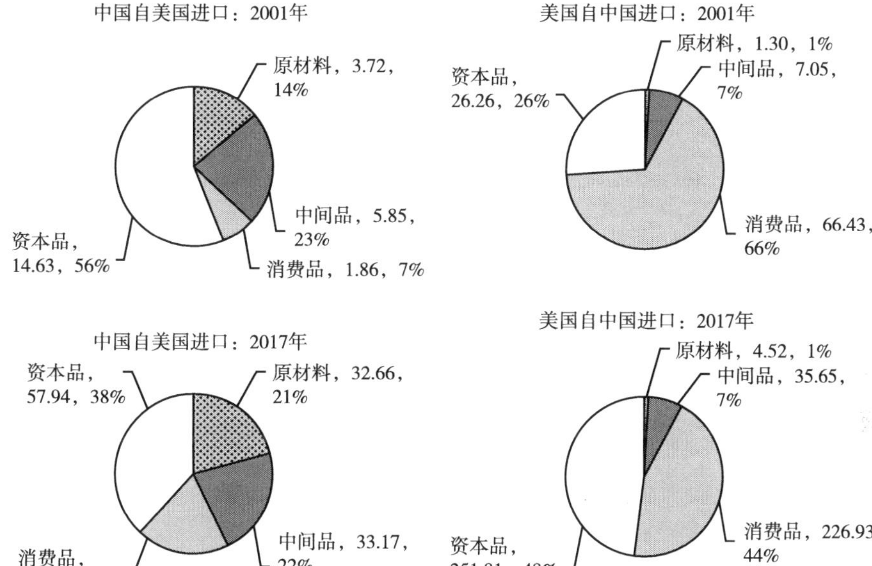

图 2-2 中美双边货物进口结构比较：2001 年和 2017 年

数据来源：WITS 数据库。数据单位为十亿美元。中国和美国为报告方。

第四，中美双边贸易，特别是美国对华出口与中国居民购买力水平的增长呈强正相关性。在中国加入世界贸易组织后的近 20 年来，中国的经济实现了高速发展，而不断提高的中国居民的购买力，对中美双边贸易乃至中国与全球贸易都产生了积极作用。表 2-1 汇报了 2001 年至 2014 年按购买力平价计算的中国实际 GDP 和人均 GDP 的增长率与中国对美国和对世界其他国家进出口增长率的相关性系数①。结果显示，相较于产出端的真实 GDP 增长率，消费端真实（人均）GDP（$RGDP_{expen,pc}$，$RGDP_{expen}$）的

① Penn World Tables 的最新数据截至 2014 年。所有的增长率数据（GDP 和贸易额）均使用 Hodrick - Prescott 滤波（过滤值 100）进行过滤，以去除短期波动效益。

增长率与中美双边贸易、中国全球贸易的增长呈现显著的正相关性：Corr（$RGDP_{expen,pc}$，IM_{USA}）和Corr（$RGDP_{expen}$，IM_{USA}）分别为0.727和0.693，高于Corr（$RGDP_{expen,pc}$，IM_{ROW}）的0.641和Corr（$RGDP_{expen}$，IM_{ROW}）的0.604，这表明美国商品对华出口极大地受中国居民消费能力驱动，并与中美贸易结构有关——中国自美国的进口以资本品和消费品为主，美国产品的高附加值导致了中国居民的购买力水平必须达到较高程度才能进一步提升对美国产品的需求。

表2-1　皮尔逊相关性系数：中国GDP增长率和中国对美国及世界贸易增长率

	$RGDP_{output,pc}$	$RGDP_{output}$	$RGDP_{expen,pc}$	$RGDP_{expen}$
EX_{USA}	0.231	0.273	0.520*	0.479*
EX_{ROW}	0.409	0.449	0.668***	0.632**
IM_{USA}	0.491*	0.530*	0.727***	0.693***
IM_{ROW}	0.378	0.419	0.641**	0.604**

数据来源：购买力平价GDP数据来自Penn World Tables 9.0。进出口数据来自WITS数据库。***表示$p<0.01$，**表示$p<0.05$，*表示$p<0.1$。EX和IM分别为中国出口和进口增长。

第五，随着双边货物贸易规模的不断扩大以及贸易结构的逐渐调整，中美双边的贸易逆差问题亦日益突出。中国加入世界贸易组织之后，中国对美国的货物贸易顺差出现了显著增长。近年来，随着中国经济进入新常态，中美贸易逆差有所缩小。

目前已经有多份研究和政策报告试图解释中美贸易间的巨额逆差，如中国商务部就指出，美国贸易逆差的具体数值由于统计差异、转口贸易、再出口等因素中美双方存在差异，且“全球价值链中，贸易顺差反映在中国，但利益顺差在美国，总体上双方互利共赢”①；Martin（2019）② 注意到了中美贸易统计数值上的差异，将统计数值的区别归结于计价方式、转口贸易和汇率差等，并找出了造成差异的五类产品：电子机械、机械、玩具和运动产品、鞋类以及医疗设备；林毅夫和王歆（2018）也从结构经济学的角度分析了中美贸易的不平衡，他们的研究发现，长期以来以劳动密集型产业为主的东亚地区就是美国贸易逆差的原地，而随着中国劳动力成本的不断上升，美国对华贸易逆差最终将缩小。

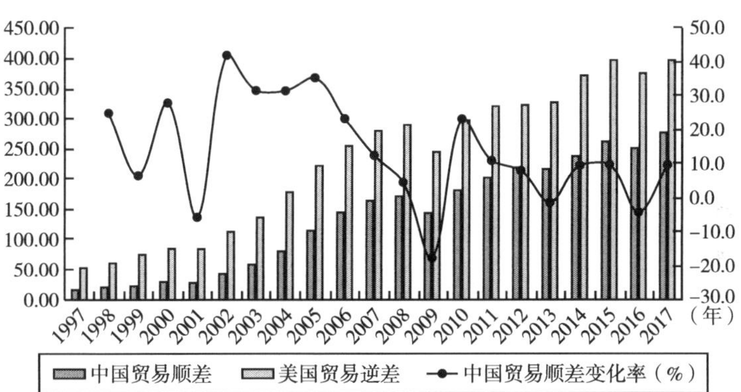

图 2-3　中美贸易逆差及中国贸易顺差变化：1997—2017 年

数据来源：WITS 数据库。数据单位为十亿美元。中国是中国贸易顺差数据的报告方，美国是美国贸易逆差数据的报告方。

---

① 中国商务部：《关于中美经贸关系的研究报告》，2018 年。http：//images.mofcom.gov.cn/us/201705/20170526035246599.pdf.

② Martin M F. What's the difference? Comparing US and Chinese trade data [J]. Congressional Research Service, 2019.

第二节　中拉及美拉双边贸易概况

目前，美国和中国分别是拉美的第一和第二大贸易伙伴，在拉美的全球贸易格局中具有重要的地位和影响。但是，相较于自拉美独立运动以来就是其重要经贸伙伴的美国，中国与拉美的贸易规模直至21世纪之后才出现了大规模的增长。表2-2汇总了2001—2019年中拉和美拉贸易的概况：2001年时，中国自拉美的进出口额分别为66.85亿美元和81.03亿美元，分别占中国当年全球进出口总额的2.85%和3.05%。随后，中拉双边贸易持续增长，2019年时创下新高，中拉双边进出口额分别达到1638.54亿美元和1509.66亿美元，较21世纪初增长了2351.16%和1763.05%，较2010年也分别增长了79.85%和79.85%。2001至2019年，中拉进出口贸易普遍呈现高速增长的态势，年平均增长率分别为19.93%和21.73%。

美拉贸易的规模更大、增长趋势也更为平稳，且拉美一直是美国重要的出口市场和进口来源。2001年时，美国和拉美的进出口额就分别达到了1970.73亿美元和1428.49亿美元，拉美在美国总进出口的比重也达到了17.27%和21.50%。相较之下，中拉进出口金额均突破1000亿美元是在2011年。2008—2009年金融危机期间，美拉双边贸易出现了大幅下降后又高速反弹的局

表 2－2　中拉、美拉双边贸易概况：2001—2019 年　单位：十亿美元,%

年份	中拉双边贸易						美拉双边贸易					
	出口	进口	出口比重	进口比重	出口增长率	进口增长率	出口	进口	出口比重	进口比重	出口增长率	进口增长率
2001	8.10	6.68	3.05	2.85	—	—	142.85	197.07	21.50	17.27	—	—
2002	9.32	8.31	2.86	2.97	14.97	24.34	131.96	208.51	20.97	17.37	-7.62	5.80
2003	11.58	14.85	2.64	3.83	24.33	78.66	129.11	221.91	19.78	17.03	-2.16	6.43
2004	17.95	21.67	3.02	4.15	54.95	45.91	147.09	260.61	20.28	17.09	13.93	17.44
2005	23.26	26.66	3.05	4.41	29.60	23.06	164.95	298.22	20.62	17.19	12.14	14.43
2006	35.40	34.07	3.65	4.74	52.19	27.78	192.92	336.86	20.76	17.55	16.96	12.96
2007	51.06	51.00	4.19	5.86	44.25	49.70	213.93	350.51	20.45	17.38	10.89	4.05
2008	71.04	71.42	4.97	6.87	39.14	40.02	252.27	380.96	21.57	17.60	17.92	8.69
2009	56.45	64.13	4.70	6.98	-20.54	-10.20	200.58	289.67	21.42	18.08	-20.49	-23.96
2010	90.98	91.10	5.77	7.07	61.17	42.06	251.48	367.75	22.41	18.68	25.37	26.95
2011	120.76	118.64	6.36	7.32	32.74	30.23	307.96	440.08	23.69	19.44	22.46	19.67
2012	134.06	125.12	6.54	7.47	11.01	5.46	334.84	447.47	24.77	19.67	8.73	1.68
2013	133.11	126.37	6.03	7.05	-0.71	1.00	341.42	438.37	24.91	19.35	1.96	-2.03
2014	134.84	125.82	5.76	6.93	1.30	-0.44	352.93	452.48	25.23	18.77	3.37	3.22
2015	130.62	102.91	5.75	6.70	-3.13	-18.21	316.10	419.99	24.57	18.15	-10.44	-7.18
2016	112.92	102.40	5.38	6.45	-13.55	-0.50	291.88	408.65	23.79	18.19	-7.66	-2.70
2017	129.76	127.27	5.73	7.44	14.91	24.30	315.20	436.54	24.11	18.15	7.99	6.82
2018	147.87	157.61	5.93	7.93	13.96	23.83	345.95	476.35	24.48	18.24	9.76	9.12
2019	150.97	163.85	6.04	7.92	2.09	3.96	335.36	474.95	24.05	18.50	-3.06	-0.29

数据来源：WITS 数据库。报告方为中国和美国。

面，但在 2012 年之后，随着大宗商品繁荣周期渐进尾声，中拉双边经贸关系高速发展，美拉双边贸易也逐渐进入稳定期。

但是，如果将中墨和美墨双边贸易额剔除，仅仅考虑中美和拉美其他 32 国（下文简称“南美”）的贸易情况，图景则大为不同。表 2－3 比较了不包含墨西哥的拉美与中国和美国的贸易情况。以 2017 年为例，中拉和美拉的贸易总额分别为 2570. 30 亿美元和 7517. 37 亿美元，相差约 5000 亿美元。若不包含墨西哥，中国和南美以及美国和南美的贸易总额则分别为 2092. 31 亿美元和 2290. 49 亿美元，两者相差仅约 200 亿美元。对于美国而言，一旦剔除美墨贸易，拉美在其全球贸易格局中的重要性也出现了显著下降。2001 年时，南美洲在美国总进出口中的比重分别为 5. 59% 和 7. 50%（包含墨西哥的数据则为 17. 27% 和 21. 50%），到了 2019 年，这一数据则为 9. 01% 和 4. 21%（包含墨西哥的数据则为 18. 50% 和 24. 05%）。同时，中拉和中南 2001 年在中国总进出口中的比重分别为 2. 85% 和 3. 05%，以及 2. 52% 和 2. 37%，2019 年的数据则为 7. 92% 和 6. 04%，以及 7. 23% 和 4. 18%。

数据上的这一巨大差别，一方面说明墨西哥在美国贸易格局中的重要性和特殊性；另一方面也说明，对墨西哥之外的拉美地区，中国作为贸易伙伴的重要性日益凸显。2017 年，中国自南美进口的金额首次超过美国；2019 年，中国和南美贸易总额达到 253. 92 亿美元，超过美国与南美的贸易总额 233. 86 亿美元。因此，在讨论贸易震荡对拉美的影响时，不能单纯地将拉美 33 国视为一个整体，而应该充分考虑到区域内重点国别的特殊性。

表 2－3　　中拉、美拉双边贸易概况（不计墨西哥）：2001—2019 年　　单位：十亿美元，%

年份	中拉双边贸易（除墨西哥）						美拉双边贸易（除墨西哥）					
	出口	进口	出口比重	进口比重	出口增长率	进口增长率	出口	进口	出口比重	进口比重	出口增长率	进口增长率
2001	6.31	5.92	2.37	2.52	—	—	49.81	63.80	7.50	5.59	—	—
2002	6.44	7.20	1.98	2.57	1.98	21.50	43.19	70.38	6.86	5.86	-13.29	10.31
2003	8.31	13.15	1.90	3.39	29.17	82.76	43.27	79.87	6.63	6.13	0.19	13.48
2004	12.97	19.51	2.19	3.73	56.02	48.35	47.82	100.50	6.59	6.59	10.51	25.83
2005	17.72	24.44	2.33	4.04	36.59	25.24	56.27	123.28	7.03	7.11	17.68	22.67
2006	26.56	31.46	2.74	4.38	49.92	28.75	74.11	133.61	7.97	6.96	31.71	8.38
2007	39.29	47.74	3.22	5.49	47.91	51.72	89.34	135.22	8.54	6.70	20.55	1.21
2008	57.18	67.73	4.00	6.51	45.52	41.87	115.19	159.82	9.85	7.38	28.93	18.19
2009	44.14	60.25	3.67	6.55	-22.80	-11.04	83.97	108.38	8.97	6.77	-27.11	-32.19
2010	73.10	84.23	4.63	6.53	65.61	39.80	108.20	132.86	9.64	6.75	28.86	22.59
2011	96.77	109.26	5.10	6.74	32.39	29.72	134.90	171.67	10.38	7.58	24.67	29.20
2012	106.54	115.96	5.20	6.92	10.09	6.13	145.54	165.52	10.77	7.28	7.89	-3.58
2013	104.14	116.13	4.71	6.48	-2.25	0.15	146.40	152.92	10.68	6.75	0.59	-7.62
2014	102.58	114.64	4.38	6.32	-1.49	-1.28	146.30	150.43	10.46	6.24	-0.07	-1.62
2015	96.82	92.88	4.26	6.05	-5.62	-18.98	116.19	115.41	9.03	4.99	-20.58	-23.28
2016	80.52	92.07	3.84	5.80	-16.83	-0.88	102.57	106.40	8.36	4.73	-11.72	-7.81
2017	93.77	115.46	4.14	6.75	16.45	25.41	114.97	114.08	8.79	4.74	12.08	7.22
2018	103.67	143.55	4.16	7.22	10.56	24.33	127.96	120.40	9.05	4.61	11.30	5.54
2019	104.42	149.50	4.18	7.23	0.72	4.15	125.67	108.19	9.01	4.21	-1.79	-10.14

数据来源：WITS 数据库。报告方为中国和美国。

此外，在双边贸易结构上，原材料依然是中国自拉美最主要的进口品，而美国对拉美的进口则以中间品和消费品为主，但进口结构的差异主要是由于双方的比较优势的不同。2001—2019年，中国自拉美进口的原材料平均超过自拉进口总额的60%，中间品的平均进口占比约为26.07%，资本品为8.94%，而中国自拉美进口消费品的比重最低，平均仅为3.41%[①]（表2-4）。而且，中国自拉美进口的原材料在自拉总进口中的比重也在不断提升，2001—2009年，原材料在总进口中占比的年均值为52.81%；2010—2019年，这一数据增长至69.48%；在2018年和2019年，中国自拉美进口原材料的比重进一步提升，分别达到74.10%和77.27%，这一结果的原因之一，正是贸易震荡扩大后，拉美的原材料（以大豆为代表）成为美国同类产品的替代。同时段，美国自拉美进口的消费品平均占其进口总额的30.49%，资本品占总进口的31.96%，而原材料和中间品的进口金额占比分别达到25.18%和12.36%（表2-5）。中国和美国自拉美进口结构的差别主要源自两个方面：一是中国和拉美同属发展中经济体，中间产品和消费产品在各自的对外出口中构成竞争，中国作为现今全球贸易格局中最重要的中间品和消费品出口方之一，对拉美市场的中间品和消费品需求有限，但是对拉美的原材料需求更高——拉美传统上就是世界主要的大宗产品出口地区，原材料在其全球出口结构中具有重要地位。

① 基于联合国贸易和发展会议分类法计算而成。

表 2－4　　中拉分部门双边贸易概况：2001—2019 年　　单位：十亿美元

年份	出口				进口				贸易差额			
	初级品	中间品	消费品	资本品	初级品	中间品	消费品	资本品	初级品	中间品	消费品	资本品
2001	0.15	1.82	4.27	1.85	3.35	2.33	0.15	0.85	-3.20	-0.51	4.13	1.00
2002	0.26	2.21	4.75	2.08	3.20	3.57	0.23	1.31	-2.93	-1.36	4.51	0.76
2003	0.21	3.08	5.27	3.02	6.22	6.02	0.51	2.09	-6.00	-2.94	4.76	0.93
2004	0.18	4.83	7.68	5.26	10.46	8.24	0.68	2.27	-10.28	-3.41	7.00	2.98
2005	0.24	5.27	9.82	7.92	14.90	8.45	0.66	2.65	-14.66	-3.18	9.15	5.27
2006	0.26	7.96	14.11	13.06	19.93	8.83	1.44	3.87	-19.67	-0.88	12.67	9.19
2007	0.32	11.69	18.92	20.07	29.93	14.54	1.79	4.74	-29.61	-2.85	17.12	15.34
2008	0.38	18.01	23.92	28.73	47.12	16.37	2.75	5.18	-46.73	1.64	21.16	23.55
2009	0.42	11.08	19.09	25.85	36.81	19.50	2.45	5.37	-36.40	-8.41	16.64	20.48
2010	0.83	18.14	31.26	40.74	58.19	22.73	3.59	6.60	-57.36	-4.59	27.67	34.14
2011	1.01	25.66	43.25	50.83	78.43	26.21	5.78	8.23	-77.42	-0.55	37.48	42.60
2012	0.85	27.53	50.05	55.62	83.25	26.59	5.56	9.71	-82.41	0.94	44.49	45.91
2013	0.97	27.79	48.40	55.94	87.76	24.28	5.40	8.94	-86.78	3.51	43.00	47.00
2014	0.94	30.40	47.47	56.03	85.29	24.67	6.14	9.71	-84.35	5.73	41.33	46.32
2015	0.91	28.68	48.21	52.81	69.59	21.93	4.45	6.94	-68.67	6.75	43.76	45.86
2016	0.96	24.85	40.78	46.29	70.70	20.03	2.64	9.03	-69.75	4.82	38.14	37.26
2017	0.92	28.17	47.83	52.72	92.85	23.33	2.46	8.62	-91.93	4.84	45.37	44.10
2018	0.77	32.69	53.04	61.26	116.78	28.71	3.04	9.06	-116.00	3.98	49.99	52.20
2019	0.82	31.80	54.07	64.00	126.61	24.64	3.42	9.17	-125.79	7.15	50.65	54.83
均值	0.60	17.98	30.12	33.90	54.81	17.42	2.80	6.02	-54.21	0.56	27.32	27.88
总值	11.26	339.85	567.92	642.22	1038.00	328.62	53.00	113.50	-1026.74	11.22	514.91	528.72

数据来源：WITS 数据库，报告方为中国。

表 2 - 5　　美拉分部门双边贸易概况：2001—2019 年　　单位：十亿美元

年份	出口				进口				贸易差额			
	初级品	中间品	消费品	资本品	初级品	中间品	消费品	资本品	初级品	中间品	消费品	资本品
2001	8. 24	30. 28	37. 13	60. 35	35. 44	18. 93	74. 39	60. 65	- 27. 20	11. 34	- 37. 27	- 0. 31
2002	8. 56	29. 14	34. 53	53. 07	41. 77	21. 56	75. 85	61. 50	- 33. 21	7. 58	- 41. 31	- 8. 43
2003	9. 20	30. 47	33. 65	49. 25	49. 09	23. 32	78. 02	63. 29	- 39. 89	7. 15	- 44. 37	- 14. 04
2004	10. 03	36. 44	36. 16	53. 18	63. 01	32. 12	86. 23	70. 53	- 52. 98	4. 31	- 50. 06	- 17. 35
2005	10. 65	40. 80	43. 40	58. 10	81. 70	37. 38	96. 13	73. 91	- 71. 05	3. 41	- 52. 73	- 15. 81
2006	12. 91	48. 71	51. 14	71. 07	96. 65	44. 30	104. 59	81. 40	- 83. 74	4. 40	- 53. 45	- 10. 33
2007	15. 81	54. 25	56. 18	77. 37	102. 11	42. 48	108. 23	87. 56	- 86. 30	11. 77	- 52. 05	- 10. 18
2008	21. 89	64. 64	68. 35	86. 74	131. 12	47. 12	105. 33	86. 60	- 109. 23	17. 52	- 36. 98	0. 14
2009	15. 78	48. 34	55. 01	65. 45	87. 42	31. 86	82. 40	78. 28	- 71. 63	16. 48	- 27. 38	- 12. 83
2010	18. 38	61. 03	76. 68	77. 47	110. 34	43. 13	95. 59	109. 01	- 91. 96	17. 89	- 18. 91	- 31. 54
2011	24. 42	74. 07	101. 88	86. 93	144. 20	57. 75	106. 56	121. 48	- 119. 78	16. 32	- 4. 68	- 34. 55
2012	23. 16	77. 06	115. 32	96. 07	133. 58	60. 18	108. 69	133. 38	- 110. 42	16. 88	6. 62	- 37. 31
2013	23. 78	77. 66	119. 11	97. 75	118. 48	57. 01	111. 24	139. 32	- 94. 70	20. 65	7. 87	- 41. 57
2014	26. 24	78. 31	125. 83	98. 86	115. 73	56. 68	116. 20	150. 30	- 89. 48	21. 63	9. 63	- 51. 44
2015	22. 66	71. 04	102. 87	95. 25	78. 69	51. 42	116. 53	158. 91	- 56. 02	19. 62	- 13. 66	- 63. 67
2016	23. 12	65. 42	96. 26	85. 70	66. 85	50. 97	114. 52	162. 09	- 43. 73	14. 45	- 18. 26	- 76. 38
2017	24. 76	69. 83	110. 95	86. 79	74. 54	53. 91	124. 12	168. 52	- 49. 78	15. 92	- 13. 17	- 81. 72
2018	28. 43	76. 70	127. 57	88. 64	81. 05	55. 74	137. 13	186. 53	- 52. 63	20. 96	- 9. 55	- 97. 90
2019	29. 43	71. 98	124. 44	85. 04	72. 30	52. 29	140. 48	195. 37	- 42. 87	19. 69	- 16. 03	- 110. 34
均值	18. 81	58. 22	79. 82	77. 53	88. 63	44. 11	104. 33	115. 19	- 69. 82	14. 10	- 24. 51	- 37. 66
总值	357. 45	1106. 16	1516. 50	1473. 08	1684. 06	838. 17	1982. 24	2188. 62	- 1326. 62	267. 98	- 465. 74	- 715. 55

数据来源：WITS 数据库，报告方为美国。

二是，虽然美国是世界第一大经济体，但同时也是大宗产品重要出口国，因此，美国和拉美在原材料出口形成竞争，美国从拉美进口的动物、植物和食品有限，再加上同属北美自由贸易区的墨西哥对美国全球进口结构的特殊贡献，导致中国和美国自拉美进口产品存在结构差异。

因此，就全区域而言，美国无疑是拉美最大的贸易伙伴，但中国已经逐渐成为许多拉美国家的第一大贸易伙伴，双边贸易关系进一步加强。中国对拉美国家，特别是一些区域大国的重要性不断提升，中国对越来越多的拉美国家的贸易结构影响力显著提升。在2008—2009年全球性金融危机结束后，随着发展中经济体的合作不断加强，中国和拉美间经贸关系也实现了迅速发展。虽然同属西半球的美国迄今依然是拉丁美洲最重要的贸易伙伴，但这一现状需部分归因于墨西哥在北美自由贸易协定框架下独有的优势和特殊地位。在墨西哥以南的美洲地区，中国与许多国家的贸易规模已经超过美国，成为这一区域内许多国家最主要的贸易伙伴，且双边经贸合作的不断深化，中国与拉美国家贸易总量持续提高。可以说，对中国的出口增长是拉美地区经济增长的重要驱动因素。一方面，中国和美国均对拉丁美洲有难以或缺的重要性，中美贸易关系对拉美也将带来难以避免的影响；另一方面，拉美地区的经济发展极度依赖大宗商品出口，因此，如何面对贸易震荡带来的挑战和不确定性，乃至是否能从中有所获益，将对拉美地区未来的经济发展关系重大。

第三节　中美清单的产品部门和产品技术含量

中美双方对彼此出口到本国的商品加征关税的清单采取了分批公布、逐步调整的方式，有部分出现在最初加征关税清单上的产品随后又被移出了清单。至 2018 年 9 月 24 日双方加征关税正式生效时，共有 6482 项中国产品（对应 HS 8 位税目）被列入美国对中国加征关税清单（下文简称“美国清单”），并有 6085 项美国产品被列入中国对美国加征关税清单（下文简称“中国清单”）。彼得森国际经济研究所（PIIE）将中美双方清单上的产品根据中间产品、资本产品、消费产品进行了分类，发现在中美的两次加征关税清单上，美方清单以中间产品和资本产品为主，而中方清单则主要对自美进口的农产品（原材料）和其他中间产品加征关税，涉及的资本商品和消费商品较少。

此外，双方均对加征关税清单进行了调整和排除，在本书中，选定的产品清单范围如下：美国清单：2018 年 6 月 15 日美国贸易代表处修订过的 500 亿美元清单中清单一所列 818 项产品，2018 年 8 月 7 日修订过的 500 亿美元清单中清单二所列 279 项产品，2018 年 9 月 17 日的 2000 亿美元最终清单所列 5745 项产品。中国清单的构成则包括：2018 年 6 月 16 日国务院关税税则委员会公布的价值 500 亿美元的 659 项产品中的 545 项产品（清单一），2018 年 8 月 8 日国务院关税税则委员会公布的调整过的 333 项产品（清单二）、2018 年 8 月 3 日国务院关税税则委员会公布的价值 600 亿美元的 5207 项产品。

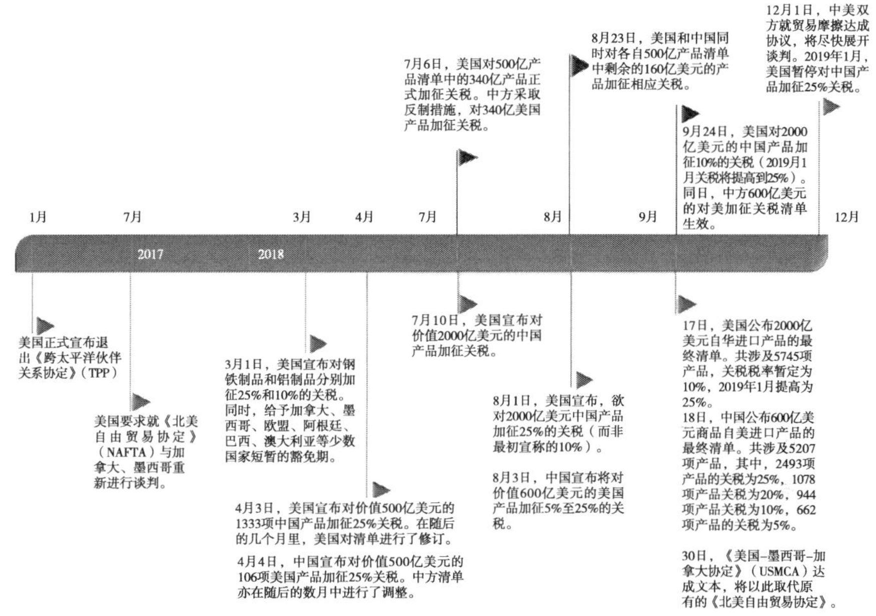

图 2-4 中美贸易震荡时间线（至第一批清单正式生效）

来源：综合美国贸易代表办公室、中华人民共和国财政部及商务部网站信息整理而成。

本书所使用的贸易数据来自世界贸易整合解决方案（WITS）数据库，这是由世界银行和联合国贸易和发展会议（UNCTAD）共同合作开发的全球贸易数据库，也是目前世界上最全面、最权威的货物贸易数据库之一。根据数据可得性，本书的分析和计算全部是基于所使用的实证数据——均为根据 HS 6 位编码编制而成的国际贸易产品，样本国家为 223 个。

表 2－6 将 2017 年中国和美国分别自对方进口的中美关税清单涉及产品按照行业部门分类。中美双方提供的关税产品清单均为 HS 8 位编码，但 WITS 仅提供 HS 6 位编码。进行编码转换后，中国清单的 6085 项 HS 8 位产品对应了 4306 项 HS 6 位产品，美国清单的 6842 项 HS 8 位产品则对应了 4000 项 HS 6 位产品，而根据 HS 6 位编码计算出的美国和中国清单总额分别为 2778 亿美元和 1093 亿美元，较 8 位编码清单总额的误差幅度分别在 11.12%（美国清单）和 0.64%（中国清单）。从表 2－6可知，机械电子产品是中美双方清单上涉及产品种类最多、金额最大的部门。2017 年，美国自中国进口的“清单”涉及机械电子产品达到 1451 亿美元，占其关税清单涉及产品总额的 52.56%，远远超过排名第二和第三的其他产品（419 亿美元）和金属产品（203 亿美元）。而在中方清单上，中国自美国进口的植物产品、机械电子产品、交通产品和其他产品的金额较为突出。

随后，根据 Lall（2000）[①] 的分类方法，表 2－7 对中美关税清单涉及产品的技术含量进一步进行了分类，将双方清单上的产品（HS 6 位编码）对应到 SITC 3 位编码，然后按照产品技术含量分成六个大类，依次为高技术产品（HT）、中技术产品

① Lall S. The Technological structure and performance of developing country manufactured exports, 1985－98 [J]. Oxford development studies, 2000, 28 (3): 337－369.

表 2－6　　中美关税清单：行业细分及实际进口　　单位：十亿美元,%

产品分组	中方清单						美方清单					
	种类－HS 8	种类占比（%）	种类－HS 6	自美进口金额	金额占比（%）	关税（%）	种类－HS 8	种类占比（%）	种类－HS 6	自华进口金额	金额占比（%）	关税（%）
动物产品	274	4.5	208	2.75	2.53	24.65	305	4.46	246	1.88	0.7	25
植物产品	324	5.32	239	16.96	15.65	23.73	357	5.22	189	1.01	0.38	25
食品	221	3.63	178	1.76	1.62	21.81	331	4.84	126	2.83	1.06	25
矿物矿产品	86	1.41	71	1.83	1.69	20.17	98	1.43	81	0.24	0.09	25
燃油产品	65	1.07	42	4.08	3.77	25	62	0.91	38	0.55	0.20	25
化学产品	882	14.49	653	9.08	8.38	15.72	1304	19.06	722	11.56	3.63	25
塑料及橡胶	248	4.08	193	6.63	6.11	17.2	325	4.75	194	14.63	5.45	25
生皮皮革	61	1.00	52	1.26	1.16	21.72	186	2.72	53	7.82	2.92	25
木及木制品	265	4.35	215	7.88	7.27	19.09	490	7.16	213	5.17	1.93	25
纺织原料及制品	736	12.1	599	1.76	1.62	22.48	917	13.4	522	3.67	1.37	25
鞋帽	61	1.00	47	0.12	0.11	21.56	28	0.41	8	1.33	0.50	25
石料与玻璃	238	3.91	178	6.56	6.05	18.91	274	4.00	155	5.11	1.91	25
金属产品	657	10.8	511	5.48	5.05	19.7	501	7.32	419	20.28	6.76	25
机械电子产品	1195	19.64	704	16.93	15.61	19.02	1080	15.78	719	145.10	52.56	25
交通产品	332	5.46	111	15.08	13.14	18.69	250	3.65	135	15.73	5.77	25
其他产品	440	7.23	305	11.10	10.24	17.07	334	4.88	180	41.90	14.77	25
总值	6085	100	4306	109.25	100		6842	100	4000	278.82	100	

数据来源：清单产品名单来自美国贸易代表办公室和中华人民共和国财政部。中美进出口数据来自世界银行 WITS 数据库。经笔者计算而成。中国和美国为报告方。

（MT）、低技术产品（LT）、资源型产品（RB）、初级产品（PP）和其他产品（Other）①。

表 2－7 同时计算了 2017 年度中美自对方进口的关税清单涉及产品的金额和种类（按技术含量分类）。首先，无论是中国还是美国，受关税清单影响的产品种类均多于真实发生了双边贸易的产品种类。对比表 2－6 和表 2－7 可知，2017 年，中国自美国实际进口的中方清单涉及产品占清单全部产品的 91.04%，而美国的这一数据为 84.00%，这表明双方在选择加征关税产品时，存在“预防性”的目的。特别是美国，绝非单纯地只为降低其对华贸易逆差：在美方清单涉及的其他高技术产品（HT2）和自动化产品（MT1）两类下，美国实际进口的产品种类分别占清单涉及产品的 79.29% 和 73.44%，进口金额分别为 64.1 亿美元和 134.0 亿美元，但是这两项产品仅仅占美自华进口总额的 1.24% 和 2.58%，并非美国自华进口的重点产品。通过将中国高科技产品纳入加征关税的清单，实际上是要达到限制中国部分中高科技产品出口美国市场的目的。

而在中方清单中，受此次影响最大的美国产品分别属于初级产品（PP）、自动化产品（MT1）和机械产品（MT3）。2017 年，中国自美进口金额分别为 253.7 亿美元、147.0 亿美元和 134.2

① 由于中美双方提供的关税清单均为 HS 8 位编码（HS 2017 版），而 Lall 的产品技术含量分类法使用的是 SIT C（Rev 3）分类法，故先将 HS 8 位码的产品向上加总到 6 位，然后进行转换。转换标准见 https：//unstats. un. org/unsd/trade/classifications/correspondence－tables. asp.

亿美元。而中国的电子器件和电子产品（HT1）是受到美方清单影响最大的部门，其次为自动化产品（MT3）和其他低技术产品（LT1），2017 年美国自华进口的这三类产品的金额依次为 937.6 亿美元、629.3 亿美元和 542.7 亿美元，此三类产品在美方清单涉及产品总进口的比重也分别达到了 33.63%、22.57% 和 19.46%。可见，美方清单主要是针对中国的中高技术产品，特别是电子类产品，而受到中国清单影响的产品则更多地集中在初级产品和中技术产品上。

表 2－7　　中美关税清单：技术含量细分　　（单位：十亿美元，%）

产品分类（SITC Rev. 3）	代码	进口种类（HS 6）	种类占比	2017 年进口金额	金额占比	实际进口比重
		中方清单				
高技术产品（电子器件和电子）	HT1	193	4.92	6.99	6.39	97.47
高技术产品（其他）	HT2	132	3.37	6.66	6.10	99.25
中技术产品（自动化产品）	MT1	42	1.07	14.70	13.45	67.74
中技术产品（加工工业产品）	MT2	512	13.06	9.64	8.82	97.34
中技术产品（机械产品）	MT3	574	14.64	13.42	12.28	96.15
低技术产品（纺织服装和鞋类）	LT1	566	14.44	1.98	1.81	98.78
低技术产品（其他产品）	LT2	559	14.26	4.83	4.42	99.64
资源型产品（农产品）	RB1	392	10.00	9.78	8.95	82.70
资源型产品（其他产品）	RB2	514	13.11	10.58	9.68	93.62
初级产品	PP	402	10.26	25.37	23.22	72.30
其他产品	Other	34	0.87	5.32	4.86	97.14
总值	Total	3920	100.00	109.25	100.00	91.04

续表

产品分类（SITC Rev. 3）	代码	进口种类（HS 6）	种类占比	2017 年进口金额	金额占比	实际进口比重
		美方清单				
高技术产品（电子器件和电子）	HT1	185	5.51	93.76	33.63	96.35
高技术产品（其他）	HT2	111	3.30	6.41	2.30	79.29
中技术产品（自动化产品）	MT1	47	1.40	13.40	4.80	73.44
中技术产品（加工工业产品）	MT2	517	15.39	10.40	3.73	87.63
中技术制成品（机械产品）	MT3	568	16.90	62.93	22.57	93.11
低技术产品（纺织服装和鞋类）	LT1	413	12.29	13.84	4.96	93.23
低技术产品（其他产品）	LT2	352	10.48	54.27	19.46	94.12
资源型产品（农产品）	RB1	341	10.15	7.90	2.83	81.77
资源型产品（其他产品）	RB2	445	13.24	11.13	3.99	76.33
初级产品	PP	375	11.16	4.68	1.68	66.02
其他产品	Other	6	0.18	0.11	0.04	60.00
总值	Total	3360	100.00	278.82	100.00	84.00

数据来源：清单产品名单来自美国贸易代表办公室和中华人民共和国财政部。中美进出口数据来自世界银行 WITS 数据库。经笔者计算而成。中国和美国为报告方。

第四节　本章小结

中国加入世贸组织以来，经济有了长足的发展，在不到 20 年的时间里，跃居为全球第二大经济体，中美双边贸易关系也发展迅速，彼此成为对方最重要的经贸伙伴，而经贸关系长期以来被视为中美双边关系的“压舱石”。

随着中国经济高速发展，较 21 世纪之初，双边贸易结构，特别是中国对美出口出现了显著变化。一是中国对美国出口的资本品的比重在不断增加，在 2017 年，近一半的对美出口为资本品，中国具备了向美国出口更多的制成品，特别是工业制成品的能力，同时，自美进口的工业制成品在总进口中的比重也在持续下降。二是中国对美贸易顺差不断扩大，这也成为此次贸易震荡的主要导火索之一。但真正决定中美双边贸易规模以及中国对美贸易顺差规模的，是中国近 20 年来的经济发展成果，而且中国自美国的进口以资本品和消费品为主，美国产品的高附加值导致了中国居民的购买力水平必须达到较高程度才能进一步提升对美国产品的需求。

此次贸易震荡的缘起发生在全球第一和第二大经济体之间，但引发的影响是全球性的。在分析和比较中拉和美拉的双边贸易数据后，我们发现，美国依然是拉美地区最大的贸易伙伴，贸易联系十分紧密。但是，在 2008 年全球金融危机之后，作为最大的发展中经济体，中国依然逐渐成为许多拉美国家的第一大贸易伙伴，双边贸易关系进一步加强。中国对拉美国家，特别是一些区域大国的重要性不断提升，且对越来越多的拉美国家的全球贸易结构影响力显著提升。正是基于中拉彼此的重要性，以及以墨西哥为代表的部分拉美国家对美国的独特性，接下来的章节将量化分析此轮全球贸易震荡期中拉美对中美双方的重要性、受到的潜在影响，特别是可能获得的收益或损失。

第三章

贸易伙伴可替代性：全球视角下的拉美

第一节　各国的整体可替代性

在讨论中美双方如何决定关税清单涉及的产品时，一个常见的观点是，美国选择了可替代程度最高的自华进口产品，所以对中国提高关税后，美国可以和其他贸易伙伴进行自由贸易，从他国进口原本从中国购买的商品，对中国加征关税的成本不会转嫁到本国消费者。为了验证这一观点，本章引入贸易伙伴可替代度指标（Trade Partner Substitution Index，TPS）的概念，找出对中美而言可替代程度最高的贸易伙伴。其中，他国对美方清单涉及的中国产品的进口替代程度为：

$$TPS_{i,chn} = \frac{N_i}{N_{chn}}, Sub_{i,chn} = [0,1], i = 1,2,3,\cdots,n \quad (3.1)$$

i 是美国除中国以外的任意贸易伙伴，N_{chn}是位列美国清单上的中国产品，N_i为美国自 i 国进口的同类产品的种类。若美国从国家 i 可以进口到所有位列其关税清单的产品，则$TPS_{i,chn}$为 1，在产品种类上，i 国对中国的可替代度为 100%，反之则为 0。

为了更好地评估中美两国的贸易伙伴的整体可替代性，本章将使用贸易震荡格局标志性事件发生的前一年（2017 年）和第一年（2018 年）的数据进行计算，并将两者进行比较，衡量和核算相关贸易伙伴可替代的程度和规模。

一、其他国家对中国产品的替代

表 3－1 总结了美国贸易伙伴对美国清单涉及的中国产品的替代程度。世界上仅有少数国家能全面替代美国自中国的进口，特别是“美方清单”上的中国产品，北美自由贸易区（NAFTA/USMCA）成员国（加拿大和墨西哥）、欧盟成员国、日本和韩国的替代度最高。2017 年，全球仅有 20 个国家对“美国清单”上的中国产品的替代度超过了 50%（$TPS_{i,chn} > 0.500$），占美国全球贸易伙伴（不包括中国，下同）的 9.1%。超过 80% 的国家有 5 个，占美国全球贸易伙伴总数的 2.25%。其中加拿大、德国和日本对中国产品可替代度最高，$TPS_{i,chn}$分别为 0.927、0.888、

0.856。2018 年，美国从上述三个国家进口的清单涉及产品的价值分别为 2762.0 亿美元、1137.4 亿美元和 1348.1 亿美元，较 2017 年分别增长 8.16%、12.43% 和 5.54%。墨西哥的替代度虽然不足 80%（$TPS_{i,chn}=0.791$），但 2018 年美国自墨西哥进口的美方清单产品金额达到了 3099.0 亿美元，同比增长 11.68%；与墨西哥形成鲜明对比的是印度，该国的替代度为 0.775，是除了日本以外对中国产品替代度最高的亚洲国家，但 2018 年，美国自印度的进口金额仅为 334.0 亿美元，同比增长 19.35%。中国台湾①、中国香港和泰国的情况与印度类似。除了 $TPS_{i,chn}>0.5$ 的 20 个国家外，世界其他国家对中国的替代度普遍较低，平均替代度为 0.073，美国自这些国家的进口总额约为 3714.5 亿美元，略高于美国自华进口额。此外，2018 年，美国自华进口清单涉及产品达到 3092.0 亿美元，同比增长 10.89%。

表 3－1　贸易伙伴可替代度（美国清单上的中国产品）　单位：十亿美元

贸易伙伴	$TPS_{i,chn}$	2017 年美国进口额	2018 年美国进口额	增幅（%）
中国	1.000	278.82	309.20	10.89
加拿大	0.927	255.37	276.20	8.16
德国	0.888	101.17	113.74	12.43
日本	0.856	127.73	134.81	5.54

① 联合国 UN Comtrade 数据库及 WITS 数据库均不单独提供中国台湾地区的货物贸易进出口数据，而将其归于“亚洲其他地区”（ISO 3 位代码：OAS），且中国台湾地区正是该分类下的主要报告方。故在本书中也将“亚洲其他地区”的数据视之为中国台湾地区的贸易数据进行讨论。

续表

贸易伙伴	$TPS_{i,chn}$	2017 年美国进口额	2018 年美国进口额	增幅（%）
英国	0.844	39.41	46.55	18.13
意大利	0.838	37.56	44.15	17.54
法国	0.796	36.45	39.10	7.26
墨西哥	0.795	277.49	309.90	11.68
印度	0.775	27.98	33.40	19.35
韩国	0.741	59.02	65.40	10.80
西班牙	0.722	11.90	14.32	20.35
中国台湾	0.700	34.03	37.70	10.77
荷兰	0.695	12.97	18.28	40.93
比利时	0.610	8.84	12.33	39.45
瑞士	0.591	24.38	30.01	23.08
巴西	0.558	22.34	24.15	8.11
土耳其	0.526	7.05	8.22	16.57
奥地利	0.521	9.53	11.94	25.25
泰国	0.518	25.11	26.17	4.20
中国香港	0.516	1.93	1.82	-5.59
瑞典	0.501	9.18	10.23	11.43
世界其他*	0.073	333.49	371.45	11.38
均值	0.130	6.62	8.81	33.14
中值	0.026	0.06	0.09	46.21

说明：世界其他地区的$TPS_{i,chn}$为各国$TPS_{i,chn}$的均值，进口金额为美国向各国进口清单产品的总值。美国为报告方。

以电子产品为代表的中高科技技术产品是中国对美主要出口部门，也是此次被加征关税种类最多、金额最高的部门。如表 3－2 所示，2018 年，中国对美出口的中高技术产品均实现了增长，特别

表 3－2　　贸易伙伴可替代度（美国清单上的中国产品）：中高技术产品　　单位：十亿美元

中技术产品					高技术产品				
贸易伙伴	$TPS_{i,chn}$	2017 年美国进口	2018 年美国进口	增幅（%）	贸易伙伴	$TPS_{i,chn}$	2017 年美国进口	2018 年美国进口	增幅（%）
中国	1.000	86.73	99.77	15.03	中国	1.000	100.17	103.60	3.43
墨西哥	0.818	154.31	171.36	11.05	墨西哥	0.889	64.32	71.21	10.72
加拿大	0.928	97.32	99.13	1.86	马来西亚	0.743	25.73	26.72	3.85
日本	0.918	89.95	93.77	4.24	日本	0.973	24.92	26.78	7.45
德国	0.964	61.25	64.77	5.74	德国	1.000	23.8	31.39	31.91
韩国	0.793	36.11	35.56	－1.51	爱尔兰	0.615	20.92	28.22	34.91
英国	0.934	20.14	23.63	17.34	加拿大	1.000	18	19.76	9.77
意大利	0.899	18.61	20.37	9.43	中国台湾	0.926	13.44	15.26	13.57
法国	0.860	14.79	16.13	9.05	法国	0.990	12.51	12.97	3.67
中国台湾	0.781	11.07	12.07	9.00	瑞士	0.882	12.49	16.64	33.20
印度	0.778	6.78	9.47	39.74	泰国	0.696	11.22	11.59	3.30
巴西	0.597	6.16	7.17	16.34	韩国	0.916	10.91	16.19	48.43
泰国	0.544	5.76	6.09	5.65	英国	1.000	9.76	11.59	18.75
瑞典	0.615	5.73	6.22	8.49	意大利	0.953	7.73	9.87	27.71

续表

中技术产品					高技术产品				
贸易伙伴	$TPS_{i,chn}$	2017 年美国进口	2018 年美国进口	增幅（%）	贸易伙伴	$TPS_{i,chn}$	2017 年美国进口	2018 年美国进口	增幅（%）
荷兰	0.770	5.35	6.61	23.58	印度	0.868	7.63	8.48	11.09
新加坡	0.442	5.24	5.72	9.24	以色列	0.824	7.33	6.50	-11.32
瑞士	0.686	4.8	5.40	12.57	菲律宾	0.608	5.91	6.48	9.57
西班牙	0.786	4.39	4.85	10.51	越南	0.547	5.79	5.09	-12.17
奥地利	0.617	4.26	5.56	30.52	新加坡	0.743	5.59	8.82	57.78
俄罗斯	0.289	3.62	4.61	27.49	丹麦	0.831	3.99	5.16	29.29
20 国总值	0.738*	555.64	598.49	7.71	20 国总值	0.845*	291.99	338.72	16.00

数据来源：WITS 数据库。经笔者计算而得。美国为报告方。20 国的 $TPS_{i,chn}$ 为均值。

是中技术产品部门，增幅达到15.03%，高于墨西哥、加拿大、日本等同样向美国出口类似产品的国家。但是在2018年中国对美出口增幅较低的高技术产品部门，日本、德国、爱尔兰、加拿大和中国台湾等国家和地区，出现了较大的对美出口增幅。这一方面表明了中国中高技术产品，特别是高技术产品在美国市场的强势地位；另一方面也意味着美国对中国高科技产品的出口遏制意图确实有了一定成效。但是，在高技术产品部门，仅有极少的国家有可能较为全面地对中国同类产品进行替代。

此外，虽然亚洲国家，特别是东盟国家的总可替代度和中高技术产品可替代度集中在［0.300，0.500］的区间内，但这些国家在劳动密集型产品上对中国的可替代度普遍较高，马来西亚和泰国等东南亚国家在部分产品部门的实际可替代率达到85%以上，这也验证了亚洲开发银行基于投入产出表的研究——如果贸易震荡格局持续升级，高关税将使得美国转而从东南亚国家进口部分（甚至是大部分）原本从中国进口的劳动力密集型产业的产品，一旦中美贸易的高关税变成常态，东南亚国家的该类货物贸易将从这一转移效益受益，而中国的相关产业也会因为全球价值链的转移而受到损害。

二、其他国家对美国产品的替代

基于公式（3.1），他国对“中国清单”涉及的美国产品的

进口替代程度 $TPS_{i,usa}$ 亦可得出表 3－3。

首先，与美国情况类似的是，仅有少数国家能全面替代中国自美国进口的“中国清单”涉及产品，日本、德国和韩国的替代度最高。然而在全球范围内，中国可以从不同国家和地区获得位列“中国清单”的产品，自美进口的“中国清单”产品仅是中国全球贸易进口的一部分。2017 年，中国自美国进口的“中国清单”产品的金额占中国相关产品全球进口的 13.63%，2018 年进一步下降至 8.41%，而美国的这一数据在 2017 年时为 17.02%，在 2018 年则为 15.95%。全球有 17 个国家对“中国清单”上的美国产品的替代度超过了 50%（$TPS_{i,usa}>0.500$），占当年度中国全部贸易伙伴的 8.17%，而且，这些国家对中国和美国同时具有很高的贸易替代度。日本、德国和韩国对美国产品具有最高的可替代度，$TPS_{i,usa}$ 分别为 0.913、0.884 和 0.844，2018 年中国从以上三国进口的清单产品的价值分别为 1451.0 亿美元、894.9 亿美元和 111.86 美元，分别同比增长了 8.52%、13.38% 和 8.95%。中国自欧盟进口清单产品的总额超过 2000 亿美元，平均可替代度也超过了 50%。还有一些国家虽然替代度低于 50%，但中国自其进口的涉清单产品金额较大，如越南（2018 年进口金额为 447.5 亿美元，同比增长 40.15%，$TPS_{i,usa}=0.488$）和巴西（进口金额 311.9 亿，同比增长 34.68%，$TPS_{i,usa}=0.357$）。这表明这些国家可能在某些特定产品上，存在对美国产品高水平、大规模的替代。

表 3－3　　贸易伙伴可替代度（中国清单上的美国产品）

贸易伙伴	$TPS_{i,usa}$	2017 年中国进口额	2018 年中国进口额	增幅（%）
美国	1.000	109.25	101.87	－6.75
日本	0.913	133.71	145.10	8.52
德国	0.884	78.93	89.49	13.38
韩国	0.844	102.67	111.86	8.95
中国台湾	0.828	68.77	74.08	7.73
英国	0.798	16.03	16.87	5.25
意大利	0.798	17.59	18.48	5.05
法国	0.794	15.82	18.01	13.87
西班牙	0.68	7.01	7.76	10.68
印度	0.648	14.19	17.14	20.80
荷兰	0.62	9.14	8.82	－3.48
泰国	0.615	33.75	37.43	10.92
加拿大	0.604	14.05	22.15	57.68
瑞士	0.576	30.57	26.90	－12.01
比利时	0.574	6.36	5.73	－9.95
澳大利亚	0.569	42.70	52.65	23.30
马来西亚	0.52	24.60	30.02	22.03
奥地利	0.505	4.84	5.86	20.97
世界其他*	0.077	335.24	420.77	25.51
均值	0.132	5.10	5.66	10.96
中值	0.023	0.16	0.18	10.30

说明：世界其他地区的$TPS_{i,usa}$为各国$TPS_{i,usa}$的均值，进口金额为中国向各国进口清单产品的总值。中国为报告方。单位为十亿美元。

其次，对中国而言，对美国替代度高的贸易伙伴有能力提供与美国相似的制成品，特别是中高技术类产品，而这些高替代度国家不能提供的，有相当一部分产品中国可以从世界其他国家取得。表 3－4 列举的是对美国的初级产品和高技术产品（“中国清单”涉及产品）具有一定替代规模的20个国家。从初级产品来看，中国选择从其他国家扩大进口，以替代美国产品。澳大利亚和巴西就是最显著的例子。2018年，中国从美国进口初级产品的金额为169.0亿美元，同比下降33.40%，而从澳大利亚和巴西进口的初级产品则分别达到327.9亿美元和329.8亿美元，同比增幅分别为33.82%和38.41%。其他具备一定对美替代规模的国家也普遍增幅显著。但是，需要注意的是，澳大利亚和巴西对美国初级产品的替代规模虽然较大，但是整体替代程度较低，存在特定重点进口产品，如中国自澳大利亚进口的主要初级产品为未烧结铁矿砂和肉类，自巴西则主要进口大豆、未烧结铁矿砂和原油。

在高技术产品类别下，日本、韩国、中国台湾和德国是对美国同类产品替代程度较高的国家和地区。尽管无法完全替代美国的高科技产品，但2018年，中国从这些地区进口的高技术产品高于自美进口的高技术产品。东盟国家虽然在替代程度上低于东亚邻国和欧盟国家，但也能提供部分美国高科技技术产品的替代，而且对华出口的增长幅度较为突出——越南对华出口高技术产品的同比增幅达到52.75%。在双边贸易争端开始之后，中国和亚洲国家贸易密切程度和贸易规模出现了显著提升，这正是亚洲国家经济一体化水平不断提高的一个明证。

日本、韩国、中国台湾和东盟等亚洲国家和地区对于美国和中国高技术产品的替代程度均在较高的水平，且无论是中国还是美国，自上述亚洲国家和地区的高技术产品进口已成规模。倘若全球贸易争端局面持续，部分亚洲国家将有望从贸易震荡中获益——亚洲其他区域将有潜力和能力扩大对中美出口。可是从中长期来看，一旦中美双边关税提高成为常态，或是全球贸易保护主义程度提升，处于全球价值链上游的国家为了避免不确定性和因关税上调而导致的贸易成本提升，或将重新在亚洲进行产业布局，最终使得全球价值链在亚洲境内发生转移，这将对中国的对外贸易和产业布局造成负面影响。当然，在这一情况下，虽然部分亚洲国家可以从对中美扩大出口中受益，但中国不仅是东亚和东南亚地区重要的出口目的地，在亚洲的全球价值链中，中国也处于上游地位，无论是全球价值链在亚洲区域内发生转移，还是中国经济呈减缓态势，最终将导致中国与亚洲其他国家双边贸易规模的萎缩，从而对区域内的经济增长产生不可忽视的负面影响。

诚然，“贸易伙伴可替代度指标”主要考虑的是进口方（中国/美国）可以从某一贸易伙伴进口的位列其关税清单产品的种类，而非规模。在实际国际贸易中，部分国家虽然可替代程度较高，但实际出口金额较低，因此，无论是对中国和对美国产品的替代意义都有限。这也意味着，除了少数工业化国家之外，地区一体化组织将在此次事件中发挥更大的作用：共同市场和共同关税联盟均有助于成员国提高对中国和美国的出口，获得更强的对中国和美国的出口竞争力。

表 3-4　　贸易伙伴可替代度（中国清单上的美国产品）：初级产品和高技术产品

初级产品					高技术产品				
贸易伙伴	$TPS_{i,chn}$	2017 年中国进口	2018 年中国进口	增幅（%）	贸易伙伴	$TPS_{i,chn}$	2017 年中国进口	2018 年中国进口	增幅（%）
美国	1.000	25.37	16.90	-33.40	美国	1.000	13.65	14.79	8.37
澳大利亚	0.505	24.50	32.79	33.82	日本	0.911	34.74	33.86	-2.54
巴西	0.229	23.83	32.98	38.41	韩国	0.849	32.15	31.57	-1.81
智利	0.189	10.05	12.56	24.93	中国台湾	0.803	27.49	28.61	4.08
土库曼斯坦	0.025	6.56	8.05	22.78	越南	0.517	17.66	26.98	52.75
俄罗斯	0.341	6.18	8.47	37.02	德国	0.948	13.51	15.54	15.05
印度尼西亚	0.391	5.14	7.03	36.75	泰国	0.631	11.42	12.58	10.19
卡塔尔	0.020	4.90	7.03	43.46	马来西亚	0.689	9.61	11.07	15.19
日本	0.667	4.89	5.56	13.63	菲律宾	0.520	7.01	7.57	7.97
加拿大	0.493	4.12	4.28	3.80	新加坡	0.714	4.60	5.11	11.00
印度	0.420	3.88	3.61	-6.87	法国	0.874	2.12	2.08	-1.90
泰国	0.448	3.66	4.22	15.26	英国	0.892	1.95	2.26	15.96
阿联酋	0.122	3.53	3.97	12.38	墨西哥	0.652	1.72	2.07	20.61
阿根廷	0.117	3.49	2.02	-42.01	瑞士	0.729	1.49	1.84	23.82

续表

贸易伙伴	初级产品				贸易伙伴	高技术产品			
	$TPS_{i,chn}$	2017 年中国进口	2018 年中国进口	增幅（%）		$TPS_{i,chn}$	2017 年中国进口	2018 年中国进口	增幅（%）
韩国	0.565	3.35	4.01	19.64	意大利	0.837	1.45	1.63	12.42
新西兰	0.321	3.33	3.77	13.24	哈萨克斯坦	0.028	1.26	1.06	-15.67
越南	0.346	3.33	3.76	13.00	奥地利	0.683	1.14	1.32	15.42
中国台湾	0.590	3.15	3.19	1.40	印度尼西亚	0.545	1.14	1.24	8.73
津巴布韦	0.035	2.87	3.93	36.80	匈牙利	0.600	1.05	1.26	19.85
秘鲁	0.137	2.62	2.97	13.53	捷克	0.637	0.97	1.22	25.74
蒙古国	0.060	2.36	2.90	23.08	荷兰	0.748	0.85	1.03	21.05
20 国总值	0.290*	125.74	157.10	24.94	20 国总值	0.679*	173.33	189.90	9.56

数据来源：WITS 数据库。经作者计算而得。中国为报告方。20 国的$TPS_{i,usa}$为均值。单位为十亿美元。

第二节　重点产品可替代性

通过在全球范围内核算和比较双方清单产品的可替代性可知，目前仅有少数几个国家能够全部替代中国和美国产品在各自货物贸易结构中的地位，而且这些国家中，有相当一部分尽管能够出口足够多样的种类，但是出口的规模非常有限，因而实际替代意义有限。对美国而言，从其他国家找到中国产品的替代更为昂贵和困难。在这一节中，将进一步讨论在双方的清单上，是否存在一系列“重点进口产品”，以及这些产品在全球贸易体系下是否存在其他贸易伙伴可以提供较高的重点产品替代。

一方面，选定重点产品的标准有两个：一是双边进口总额突出的产品，二是自对方的进口额在各自总进口比重中排名靠前的产品。这一指标的设立参考了已有文献中出口竞争力相关指数的概念——即如果出口国（i）某一特定产品（k）在进口国（j）该产品的总进口中的比重越高，则其出口竞争力越强（Bernard，Jensen and Schott，2006[①]；Lacovone，Rauch and Winters，2013；

① Andrew B. Bernard，J. Bradford Jensen，Peter K. Schott. Survival of the best fit：Exposure to low - wage countries and the（uneven）growth of U. S. manufacturing plants［J］. Journal of International Economics，2005，68（1）.

Flückiger and Ludwig，2015）。另一方面，正如前文提及，尽管本章中对“可替代性”的定义主要是产品种类的替代性，但在衡量某国的某一产品在另一国的进口结构是否重要时，也应该考虑该产品的进口总金额和总比重。因此，认定某一产品是否为美方的重点进口中国产品（$IM_{key,chn}$）需要满足以下两个标准：在中美双边货物贸易中，美国自华进口额排名前25%的产品（$IM_{k,value,chn} > Q_3$（$IM_{K,value.chn}$），以及进口比重排名前25%的产品（$IM_{k,share,chn} > Q_3$（$IM_{K,share.chn}$）：

$$IM_{key,chn} \in IM_{k,value,chn} \cap IM_{k,share,chn},\ k = 1,\ 2,\ 3,\ \cdots,\ K \quad (3.2)$$

一、美方的重点进口产品

根据公式（3.2），共有532个小类的中国商品符合美方“重点产品”的标准，其中位列“美国清单”的共计249项，占美方全部重点产品的46.80%。

表3-5概括了按照产品技术水平分类的、美国自中国重点进口的产品的金额和种类。2018年，美国自中国进口的“重点产品”总额为1594.6亿美元，同比增长7.87%，占自华进口的清单产品金额的51.57%。这些产品仅占美国自华进口产品种类的5.55%，涉及金额却占2018年自中国进口总额的近1/3，而美国自世界其他地区进口这些商品的金额则为美国2018年进口总额的5.90%。

表 3 - 5　受“美国清单”影响的美国重点进口产品

单位：十亿美元，%

产品分类	代码	种类	种类占比	2017 年进口			2018 年进口		
				自中国	自世界其他	中国比重	自中国	自世界其他	中国比重
高技术产品（电子器件和电子产品）	HT1	36	14.46	62.28	54.06	53.53	64.46	57.65	52.79
高技术产品（其他）	HT2	6	2.41	1.01	1.01	50.03	1.00	1.12	46.97
中技术产品（自动化产品）	MT1	3	1.2	3.75	2.32	61.77	3.97	2.46	61.71
中技术产品（加工工业产品）	MT2	20	8.03	3.04	2.1	59.19	3.62	2.47	59.46
中技术制成品（机械产品）	MT3	49	19.68	25.11	17.54	58.87	28.68	18.67	60.57
低技术产品（纺织服装和鞋类）	LT1	22	8.84	9.86	4.64	68.03	10.58	5.20	67.03
低技术产品（其他产品）	LT2	68	27.31	35.66	19.93	64.15	40.22	21.87	64.78
资源型产品（农产品）	RB1	11	4.42	1.6	0.86	65.07	1.89	0.95	66.60
资源型产品（其他产品）	RB2	27	10.84	4.49	2.94	60.4	5.04	3.08	62.09
初级产品	PP	7	2.81	1.02	0.41	71.29	0.93	0.32	74.65
总值	Total	249	100	147.82	105.8	58.28	159.46	113.47	58.42

数据来源：WITS 数据库。经笔者计算而得。美国为报告方。

另一个发现是，美方自中国进口的重点产品的比重普遍占该类产品美国总进口比重的50%以上，这意味着，对于这些产品而言，中国是美国最重要的供应商。根据2017年的全球贸易数据，一共有38个国家和地区对美国重点进口的中国产品的替代度超过50%。其中，替代度超过90%的国家有12个，重叠度最高的三个国家分别为日本（245项，0.984）、加拿大（243项，0.976）和德国（239项，0.960），同属原北美自由贸易区、现修订为美墨加协定（USMCA）成员国的墨西哥的重叠度也达到0.948，且是美国现有的贸易伙伴中美国进口重点产品金额最高的国家。2018年，美自墨进口重点产品的金额为274.7亿美元，仅为自华进口额的17.13%，自日本进口重点产品的金额为53.80亿美元。而美国自整个欧盟的重点产品进口金额也不足200亿美元。由此可见，在这些重点产品的双边贸易中，最重要的产品是高技术产品，而美国难以找到完全可替代中国的贸易伙伴，对此类中国产品加征关税的成本将极大地转移到美国本土消费者身上。

二、中方的重点进口产品

共有511个小类的美国商品符合中方重点产品（$IM_{key,usa}$）的标准。其中，受“中国清单”影响的共计464项，占全部重点产品的90.80%。表3-6将自美进口的中国重点产品按技术含量细分类，发现初级产品（PP）、自动化产品（MT1）和农产品

表 3－6　　受“中国清单”影响的中国重点进口产品

单位：十亿美元，%

产品分类	代码	种类	种类占比	2017 年进口			2018 年进口		
				自美国	自世界其他	美国比重	自美国	自世界其他	美国比重
高技术产品（电子器件和电子产品）	HT1	28	6.03	2.92	7.34	28.45	2.90	8.23	26.08
高技术产品（其他）	HT2	38	8.19	4.23	11.87	26.29	4.59	14.48	24.07
中技术产品（自动化产品）	MT1	8	1.72	12.3	29.18	29.65	8.47	28.94	22.64
中技术产品（加工工业产品）	MT2	93	20.04	5.01	13.38	27.26	5.34	15.09	26.13
中技术制成品（机械产品）	MT3	61	13.15	5.3	16.57	24.23	5.91	19.92	22.89
低技术产品（纺织服装和鞋类）	LT1	15	3.23	1.48	2.21	40.2	1.19	2.01	37.12
低技术产品（其他产品）	LT2	36	7.76	2.36	5.1	31.67	2.44	5.69	30.03
资源型产品（农产品）	RB1	47	10.13	7.79	13.73	36.2	7.20	15.23	32.08
资源型产品（其他产品）	RB2	74	15.95	4.69	9.65	32.71	5.07	10.97	31.61
初级产品	PP	60	12.93	22.47	39.28	36.38	13.55	49.44	21.51
其他产品	Other	4	0.86	0.49	0.82	37.17	0.59	1.05	35.94
总值	Total	464	100	69.04	149.12	31.65	57.24	171.05	25.08

数据来源：WITS 数据库。经笔者计算而得。中国为报告方。

（RE1）三个类别的产品的进口金额最为突出。

对此464项中方重点产品，2017年，中国自美国进口的比重占全球总进口的31.65%，这些产品虽然仅占中国对美进口商品种类的10.67%，金额却高达自美总进口的44.70%。此外，中国自世界其他地区进口上述商品的金额仅占中国全球总进口的9.67%。而到了2018年，中国自美进口的重点产品的比重进一步下降至25.08%，贸易替代效应已然出现。

鉴于中国自美国进口重点产品占中国全球贸易的比重浮动在24%—40%之间，这表明这些产品均存在不同程度的可替代性。根据2017年的贸易数据，共有29个国家和地区对中国重点进口的美国产品能提供超过50%以上的替代度。替代程度最高的三个国家分别为德国（417项，0.899）、日本（411项，0.886）和韩国（398项，0.858）。尽管替代程度较高，但是包括欧盟国家在内的世界其他国家（地区）在重点产品对华出口规模上与美国差距较大：2018年，中国自德国和日本进口重点产品的总额分别为271.2亿美元和203.3亿美元，低于自美国进口的572.4亿美元。而中国从美国进口的重点产品的金额也出现了较为显著的下降，同比降幅达到17.09%。其中，重点初级产品的进口减少是最大的原因，2018年中国自美国进口重点初级产品金额为135.5亿美元，较2017年的224.7亿美元下降了39.7%，这是因为中国大幅减少了美国大豆的进口，转而向巴西进口。

综上所述，一旦涉及双边贸易中的“重点产品”，无论是中国还是美国，都难以找到可以完全替代对方的贸易伙伴。即便存在可替代度高的贸易伙伴，由于中美双边贸易的规模和金额，也难以从某一个特定国家中获得原本可以从对方处通过自由贸易获得的替代产品。对于中国而言，需要转从多个贸易伙伴获得“重点进口产品”，意味着要付出更高的运输成本，面临着贸易成本的提高；而对于美国，不仅需要面对潜在的贸易成本提升，更难在短期内获得等同规模的中国产品。

三、稳健性检验

在公式（3.2）中，“重点产品”选择的临界值（Threshold Value）为进口金额和进口占比的前25%（Q_3），为了进一步检验该指标是否能真实、准确地反映出“重点产品”在中美双方进口结构中的可替代程度，本节中将对“重点产品”指数展开稳健性检验。

在稳健性检验中，临界值被分别设为10%（Percentile 90%）和50%（中值），即中国（美国）进口的美国（中国）产品中，同时满足进口金额和进口比重同时达到前10%（前50%）的产品，稳健性检验的结果汇总在表3-7中。

在临界值变化之后，中国和美国清单上的“重点产品”的范围以及贸易金额均发生了变化。将临界值调高之后，美国自华进口的重点产品的不可替代性进一步凸显，而即便是将临界值设为

表 3-7　　中美重点进口产品：稳健性检验　　单位：十亿美元，%

产品种类	代码	临界值 Top 10%				临界值 Top 50%			
		受“中国清单”影响的中国重点进口产品							
		种类	自美国	自世界其他	美国比重	种类	自美国	自世界其他	美国比重
高技术产品（电子器件和电子产品）	HT1	6	1.09	1.40	43.63	65	5.05	25.41	16.57
高技术产品（其他）	HT2	3	0.27	0.21	55.97	55	6.44	26.61	19.48
中技术产品（自动化产品）	MT1	2	1.91	1.44	56.97	18	14.51	52.47	21.67
中技术产品（加工工业产品）	MT2	10	0.91	0.67	57.44	151	8.27	43.02	16.13
中技术制成品（机械产品）	MT3	5	0.90	1.19	43.22	153	11.77	78.12	13.09
低技术产品（纺织服装和鞋类）	LT1	2	0.98	0.90	52.27	26	1.63	3.44	32.14
低技术产品（其他产品）	LT2	5	0.80	0.77	51.00	65	4.02	16.84	19.28
资源型产品（农产品）	RB1	14	4.67	3.99	53.96	81	9.10	23.17	28.20
资源型产品（其他产品）	RB2	13	1.90	1.62	54.11	105	7.93	32.42	19.65
初级产品	PP	19	19.05	29.50	39.24	81	23.57	49.34	32.32
其他产品	Other	2	0.36	0.49	42.32	5	5.23	44.00	10.63
总值	Total	81	31.49	40.56	43.71	805	86.04	342.81	20.06

续表

		受“美国清单”影响的美国重点进口产品							
		种类	自中国	自世界其他	中国比重	种类	自中国	自世界其他	中国比重
高技术产品（电子器件和电子产品）	HT1	2	17.39	7.84	68.93	112	89.57	134.32	40.01
高技术产品（其他）	HT2	—	—	—	—	30	2.88	5.81	33.11
中技术产品（自动化产品）	MT1	1	0.32	0.07	83.20	14	7.19	12.35	36.80
中技术产品（加工工业产品）	MT2	2	0.90	0.33	73.33	122	7.56	14.94	33.61
中技术制成品（机械产品）	MT3	12	10.15	2.93	77.61	215	50.03	92.82	35.02
低技术产品（纺织服装和鞋类）	LT1	4	5.51	1.76	75.79	102	12.96	11.30	53.42
低技术产品（其他产品）	LT2	19	19.66	6.17	76.12	190	51.07	53.50	48.84
资源型产品（农产品）	RB1	3	0.87	0.32	72.88	66	5.57	12.99	30.01
资源型产品（其他产品）	RB2	3	1.01	0.35	74.31	136	8.34	13.03	39.03
初级产品	PP	1	0.41	0.07	84.88	48	3.78	6.58	36.48
其他产品	Other	—	—	—	—	3	0.11	0.30	26.34
总值	Total	47	56.22	19.83	73.92	1038	146.60	217.79	40.23

数据来源：WITS 数据库。经笔者计算而得。中国和美国为报告方。

50%，美国自中国进口的1038种产品的进口额也达到了这些产品进口总额的40%以上。可见，无论是将更多还是更少的产品纳入“重点产品”的范围，结论始终维持一致：在少数重点产品上，中国和美国找到可以完全替代对方的贸易伙伴的代价极高。相比较而言，美国市场对中国产品的依赖程度更深，贸易金额更大。换言之，美国市场更难找到同等规模的替代者——即便是欧盟和东盟等区域一体化组织，也难以在短期内有效替代美国市场的中国产品，这其中不仅包括技术含量较低的劳动密集型产品，也包括部分高技术产品。中国产品，尤其是部分“重点产品”，在美国的贸易体系中的可替代度低于美国产品在中国贸易体系中的可替代度。

四、重点贸易伙伴

在核算完中美双方清单全部产品和重点产品的贸易伙伴可替代率之后，本书研究背景之下中国的重点贸易伙伴也就呼之欲出：这些国家和地区均对某一类“中方清单”涉及的美国产品在种类或规模上具备较高的替代程度（$TPS_{i,usa}>0.500$），中国也是这些国家和地区主要的出口目的地（表3-8）。此外，表3-8也列出了与中国存在潜在竞争关系的国家和地区，“潜在竞争伙伴”的选定标准则主要是基于这些国家的某一类产品是否能规模性地替代美国关税清单涉及的中国产品（$TPS_{i,chn}>0.500$）。

表 3 - 8　　中国的重点贸易伙伴清单

		重点贸易伙伴											
		日本	韩国	中国台湾	东盟10国	欧盟27国	加拿大墨西哥	澳大利亚	巴西	印度	中国	美国	世界其他
中国重点贸易伙伴	高技术产品	√	√	√	√	√					—	—	—
	初级和资源产品			√	√			√	√	√	—	—	—
中国潜在竞争伙伴	高技术产品	√	√	√	√	√	√				—	—	—
	中低技术产品	√	√	√	√	√	√			√	—	—	—
进口总额	中国	180.40	204.57	177.35	269.09	273.49	42.41	105.08	77.14	18.85	—	156.00	484.22
	美国	145.90	76.20	47.26	190.81	497.80	674.88	10.21	32.29	56.44	563.20	—	316.43
高技术产品	中国	50.45	114.77	126.45	116.24	57.76	6.34	0.37	0.20	0.65	—	46.42	7.95
	美国	28.68	22.57	18.85	69.09	84.41	90.30	1.67	3.04	2.32	217.17	—	12.88
中低技术产品	中国	92.37	46.04	30.72	41.59	131.26	8.05	1.05	1.91	4.04	—	50.42	28.99
	美国	94.95	39.95	20.92	75.32	218.57	311.11	2.28	8.55	21.97	279.91	—	73.22
初级和资源产品	中国	22.78	33.66	11.70	65.69	48.62	21.97	74.76	73.95	12.28	—	44.19	409.59
	美国	8.41	9.14	2.78	28.85	94.78	207.65	4.92	15.02	22.37	33.80	—	184.97
出口总额	中国	147.24	109.03	48.66	170.21	409.45	590.71	9.29	27.12	76.88	—	479.70	741.67
	美国	68.71	53.47	27.69	67.91	275.63	451.71	22.83	34.16	27.16	109.58	—	267.40
贸易协定	中国		√	√	√			√			—	—	—
	美国		√				√	√			—	—	—
邻国（接壤）	中国	√	√	√	√					√	—	—	—
	美国						√				—	—	—

数据来源：WITS 数据库。经作者自行计算而得。中国和美国分别为报告方。单位为十亿美元。

说明：中国大陆和中国台湾地区于 2010 年签署《海峡两岸经济合作架构协议》（ECFA），在本书中视为自由贸易协定。“邻国（接壤）”的定义包括领土和领海相邻。东盟国家中有部分国家与中国接壤，故视为接壤。世界其他为“重点贸易伙伴”和中国/美国之外的全球其他国家。进出口贸易金额均为 2018 年数据，且为进出口总额（并非仅讨论清单涉及产品的双边贸易数据）。

第一，日本、韩国、中国台湾、东盟和欧盟是中国高技术产品（非仅限于清单涉及产品，下同）的重点贸易伙伴。中国从上述国家和地区进口了高于自美国进口的高技术产品（欧盟除外）。对于上述国家而言，中国是其高技术产品最重要的出口目的地之一。当然，美国自以上地区进口的高技术产品的金额之所以低于中国，一方面是因为美国也是全球最主要的高技术产品出口方，另一方面则是美国可以从北美自由贸易区的其他两个成员国以更低的贸易成本进行贸易。此外，美国依然是全球最大的高技术产品进口方，2018 年的进口金额达到 5509.7 亿美元，高于中国的 5276.0 亿美元。而澳大利亚、巴西和印度则是中国初级产品和资源型产品的重点贸易伙伴。中国从澳大利亚和巴西进口的初级产品和资源型产品的金额高于自美进口，对于这两个国家而言，中国是其该类产品主要的购买方，初级产品和资源性产品也是双边贸易的重点产品。

第二，就潜在竞争伙伴而言，北美自由贸易区成员国（加拿大和墨西哥）与中国在高技术产品和中低技术产品方面存在竞争。中国作为全球中低技术产品最重要的出口国，从墨加两国进口的该类产品相当有限，加上贸易成本的考虑，中国更多的是选择从亚洲国家和欧盟进口中低技术产品。目前，对日本、韩国和欧盟而言，中国和美国自其进口的中低技术产品的金额接近，在中美当前仍处于谈判阶段且美方对中国加征的关税尚未取消的情况下，这些国家均有潜力同时向美国和中国扩大出口，特别是向美国扩大出口。

第三，另一个不能忽略的事实是，中国是全球价值链重要的参与者，同时也是所有发展中经济体内处于全球价值链较上游的少数国家之一，特别是在亚洲境内，中国对许多国家存在贸易逆差，更是区域经济发展最重要的贡献者之一。目前，全球贸易格局震荡的前景依然存在，2020 年初蔓延的新冠肺炎疫情更是为全球经济增长前景蒙上阴影，一旦中国因出口放缓导致经济增长放缓，造成的负面作用对亚洲经济发展水平更高的那些国家可能产生更直接的影响。

第四，2018 年的贸易数据显示，美国对中国、日本、韩国、东盟、欧盟及同属北美自由贸易区的墨西哥和加拿大均存在货物贸易逆差，在实施对华关税之后，美国不仅没有通过对中国产品加征关税从而达到缩小与中国的贸易逆差的目的，而且有可能导致美国对这些国家和地区逆差进一步扩大，这是由美国全球第一经济体的地位所决定的——作为全球最大的经济体，势必在全球范围内进口技术含量不同的产品，以满足自身经济发展的需求。也就是说，只要美国还是世界第一大经济体，其货物贸易逆差的现状就难以逆转。可见，无论是对中国还是其他国家，试图通过加征关税来达到减少贸易总逆差的目的，实可谓“收之东隅，失之桑榆”了。

第三节　拉美各国的可替代性

本章的前两节核算了世界各国对中美清单涉及产品的整体可替代性和重点产品可替代性，并据此找出了中国应对此次贸易震荡可能的重点贸易伙伴和潜在竞争对手，在拉美 33 国中，仅有巴西和墨西哥两个国家入选。巴西无疑是中国初级和资源产品重要的进口对象，而墨西哥不仅是美国最重要的贸易伙伴之一，同时也和中国在美国的中低技术产品和高技术产品市场存在竞争。相较于这两个区域性大国，拉美的其他国家或是由于其经济体量，或是由于地缘因素，抑或是两者兼备，无论是对中国还是对美国的产品可替代性（可竞争性）均不突出。但较之于中国进口结构中拉美产品对美国产品的实际可替代率，拉美国家在美国市场上对中国产品的实际可替代率更高。

表 3－9 和表 3－10 则分别计算了 2017 年和 2018 年中国和美国自拉美各国进口“清单”涉及产品的情况，在比较了拉美产品对中国和美国产品的可替代程度后，主要发现如下：

第一，尚无拉美国家能够较为全面地代替中国和美国在各自全球贸易结构中的地位。整体而言，在美国的进口结构中，拉美产品对中国产品的实际可替代率高于中国进口结构中拉美产品对美国产品的实际可替代率。据 2017 年的双边贸易数据，在中国进口结构中，拉美 33 国对清单涉及美国产品的平均可替代品种为 203 项，平均可替代程度（$TPS_{i,chn}$）则为 0.052；而对美国而言，拉美地区的平均可替代品种为 423 项，$TPS_{i,usa}$ 达到 0.125。换言之，拉美对中国涉清单产品的替代程度是对美国涉清单产品替代程度的一倍以上。此外，在贸易规模上，2017 年，中国自拉美进口的中国清单产品的总额为 822.14 亿美元，2018 年增长为 1021.01 亿美元，增幅为 24.19%。美国的这一数据则分别为 3634.85 美元（2017 年）和 4108.48 亿美元（2018 年），增幅也达到了 13.03%。在去除自墨西哥进口数据后，美国自拉美 31 国（不包含古巴）进口的美国清单产品的总额在 2017 年和 2018 年分别为 859.94 亿美元和 1009.44 亿美元，增幅为 17.38%。在 2017 年，中美双方自拉美进口各自清单的规模均有所增长，而且增长的幅度普遍高于中美对拉总进口增长幅度［中国是 23.83%，美国是 9.12%（不含墨西哥是 5.54%）］。由此可见，至少在货物贸易上，整体而言拉美地区均因为中美关税增长和随之而来的贸易不确定性而获得了更多的出口机遇。

第二，虽然拉美整体上扩大了对中国和美国的出口，但是区域内不同国家的可替代程度差异很大——除少数区域性大国外，其他国家普遍可替代程度较低。而且，拉美国家的产品不仅替代程度有限，区域内大部分国家对中国和美国的出口也相当有限。有能力对中国出口超过 10 亿美元“中国清单”产品的拉美国家一共有 6 个，分别为阿根廷、巴西、智利、墨西哥、秘鲁和乌拉圭，但即便是可替代程度最高的墨西哥和巴西，2018 年的中国进

表 3 - 9　拉美各国对美国产品的可替代程度（中国清单）

单位：百万美元，%

国家	产品种类	可替代率	2017 年	2018 年	变化程度	国家	产品种类	可替代率	2017 年	2018 年	变化程度
阿根廷	451	0.115	4059.71	2852.18	-29.74	洪都拉斯	127	0.032	22.98	46.81	103.70
安提瓜和巴布达	4	0.001	0.00	0.04	1148.16	海地	42	0.011	7.54	7.50	-0.61
巴哈马	24	0.006	21.00	12.87	-38.71	牙买加	36	0.009	26.62	14.87	-44.15
伯利兹	32	0.008	0.26	0.07	-72.03	圣基茨和尼维斯	9	0.002	0.70	1.01	44.95
玻利维亚	75	0.019	343.67	316.23	-7.98	圣卢西亚	6	0.002	0.05	0.06	8.31
巴西	1401	0.357	31118.67	42005.44	34.98	墨西哥	1683	0.429	8572.10	10720.83	25.07
巴巴多斯	25	0.006	24.69	21.26	-13.90	尼加拉瓜	79	0.020	22.20	102.56	361.89
智利	554	0.141	19938.91	25759.56	29.19	巴拿马	83	0.021	43.14	41.02	-4.90
哥伦比亚	344	0.088	528.80	844.59	59.72	秘鲁	367	0.094	12414.25	14079.39	13.41
哥斯达黎加	308	0.079	704.05	636.05	-9.66	巴拉圭	41	0.010	29.84	37.63	26.11
古巴	36	0.009	394.84	478.17	21.11	萨尔瓦多	155	0.040	114.66	163.58	42.67
多米尼加	35	0.009	0.71	0.10	-86.49	苏里南	18	0.005	5.31	10.97	106.73
多米尼克	222	0.057	166.83	180.09	7.95	特立尼达和多巴哥	23	0.006	182.30	385.03	111.21
厄瓜多尔	166	0.042	542.45	678.87	25.15	乌拉圭	127	0.032	2455.76	2433.29	-0.91
格林纳达	3	0.001	0.01	0.00	-82.20	圣文森特和格林纳丁斯	6	0.002	0.10	0.08	-20.01
危地马拉	109	0.028	103.75	85.56	-17.54	委内瑞拉	69	0.018	359.19	176.37	-50.90
圭亚那	33	0.008	8.73	8.67	-0.59						

数据来源：世界银行 WITS 数据库，作者基于 HS 编码 6 位自行计算而成。中国为报告方。

表 3 - 10　拉美各国对中国产品的可替代程度（美国清单）　单位：百万美元，%

国家	产品种类	可替代率	2017 年	2018 年	变化程度	国家	产品种类	可替代率	2017 年	2018 年	变化程度
阿根廷	802	0.239	4167.90	4403.36	5.65	洪都拉斯	352	0.105	1579.34	1677.12	6.19
安提瓜和巴布达	93	0.028	4.64	1.73	-62.69	海地	126	0.038	27.81	23.56	-15.30
巴哈马	125	0.037	303.76	319.89	5.31	牙买加	148	0.044	126.41	141.42	11.88
伯利兹	98	0.029	32.74	40.21	22.84	圣基茨和尼维斯	60	0.018	37.68	38.14	1.22
玻利维亚	157	0.047	256.93	249.39	-2.94	圣卢西亚	29	0.009	9.15	6.92	-24.36
巴西	1376	0.558	22343.65	24152.48	8.10	墨西哥	2671	0.795	277491.00	309904.00	11.68
巴巴多斯	72	0.021	17.28	23.24	34.46	尼加拉瓜	219	0.065	1182.07	1327.58	12.31
智利	723	0.215	8744.93	9721.91	11.17	巴拿马	371	0.110	196.33	210.10	7.02
哥伦比亚	975	0.290	10505.74	10638.76	1.27	秘鲁	722	0.215	4796.98	14079.39	193.51
哥斯达黎加	689	0.205	4074.83	4359.88	7.00	巴拉圭	104	0.031	103.13	104.47	1.30
古巴	—	—	—	—	—	萨尔瓦多	347	0.103	247.09	269.38	9.02
多米尼加	22	0.007	0.57	1.05	84.64	苏里南	98	0.029	61.94	75.38	21.70
多米尼克	754	0.224	2820.51	3279.31	16.27	特立尼达和多巴哥	231	0.069	3403.22	3685.15	8.28
厄瓜多尔	516	0.154	5856.63	6199.93	5.81	乌拉圭	216	0.064	178.48	199.02	11.51
格林纳达	22	0.007	9.48	13.03	37.52	圣文森特和格林纳丁斯	38	0.011	3.69	4.81	30.25
危地马拉	469	0.140	1955.90	2054.67	5.05	委内瑞拉	295	0.088	12682.49	13457.19	6.11
圭亚那	101	0.030	262.69	185.63	-29.33						

数据来源：世界银行 WITS 数据库，作者基于 HS 编码 6 位自行计算而成。美国为报告方。

口金额分别达到 107.21 亿美元和 420.05 亿美元，同比增幅分别为 25.07% 和 34.98%，两国的$TPS_{i,chn}$也仅为 0.429 和 0.357，其他拉美国家的替代程度普遍低于 0.10。相较之下，共有 14 个拉美国家实现了对美出口 10 亿美元以上“美国清单”产品，其中，美国自墨西哥进口相关产品的规模最大、种类最多，2018 年的进口额为 3099.04 亿美元，同比增长 11.68%。其他 13 国按照 2018 年进口金额的高低，依次为巴西、委内瑞拉、哥伦比亚、秘鲁、智利、厄瓜多尔、阿根廷、哥斯达黎加、特立尼达和多巴哥、多米尼克、危地马拉、洪都拉斯和尼加拉瓜，平均可替代率为 0.197（如包含墨西哥，则为 0.240）。

拉美对中国产品可替代程度更高、可替代规模更大的主要原因有以下几点：首先，中美自拉美进口存在结构性差异。前文提及，中国自拉美进口的品类高度集中，原材料在总进口中的比重多年来超过 60%，并在 2018 年后继续提高，而美国自拉美进口中包含大量的资本品和消费品，这两类产品，恰恰同时也是中国对拉美的主要出口产品。事实上，中国和拉美在美国的消费品和资本品市场构成竞争，而美国和拉美在中国的原材料市场构成竞争。此外，对中国产品形成较高替代规模的拉美国家普遍与美国签署了区域贸易协定，在中国产品被加征关税后，在短期内扩大部分美国市场份额也是市场自然的选择。其次，根据国际贸易理论，地理距离作为贸易成本的重要构成部分，与贸易金额成反比。对于一些技术含量较低、可替代弹性较大的产品，距离美国更近的生产地由于贸易成本更低，无疑具备更强的竞争力。美国对中国加征关税的低技术产品（以HS 6位计）共765项，占清单总产品的22.77%，2017年的自华进口金额681.10亿美元。低技术产品普遍来自劳动密集型产业，全球价值链参与程度较低，这些产品同时也是拉美，特别是中美洲国家对美传统出口产品，具备一定的比较优势。但是即便拉美国家对美国市场的中国产品的替代水平和规模相对较高，区域不平等性却依然突出。

第三，巴西和墨西哥分别成为贸易大震荡背景下对中国和美国重要性最高的国家，而且重要性远远超出拉美地区其他国家。2018年，美国自墨西哥进口的美方清单涉及产品的金额达到3099.04亿美元，这也是拉美各国里唯一美国进口金额接近同时间段自华进口金额的国家，而美国自排名第二的巴西的清单产品进口额为241.52亿美元，两国间的差距充分说明了墨西哥在美国的全球贸易格局中的重要性和独特性。值得一提的是，美国对中国的2000亿美元产品加征关税的生效期为2018年9月24日，同月30日，美墨加三国宣布，《美国－墨西哥－加拿大协定》（USMCA）达成文本，并将以此取代现有的《北美自由贸易协定》（NAFTA）。此外，尽管墨西哥对中国的可替代程度在拉美各国内最高，并且美自墨进口金额（清单涉及产品）与自华进口金额相近，但中国和墨西哥在美国的进口贸易结构中，双方的互补性高于竞争性，短期内美国无法单纯依靠从墨西哥进口来替代中国产品，特别是中国的机械电子产品在美国国内市场的地位。然而，如果全球贸易震荡格局继续维持，美国对墨西哥进口产品的依赖将进一步加强，全球价值链发生转移，中墨产品也有可能从现有的互补性转变为竞争性。

第四，在全球范围内，拉美地区和区域内各国的可替代性不仅显著低于欧盟日韩等发展经济体，也普遍低于亚洲的发展中经济体，这一结论对中美产品皆成立。由前文中表 3 – 2 和表 3 – 4 的核算结果可知，在贸易额排名前 20 的国家中，有巴西、智利、阿根廷和秘鲁四个拉美国家，除阿根廷之外，中国自其他三国进口的初级产品在 2018 年均较 2017 年实现了两位数以上的同比增长，且自巴西一国进口的初级产品的增额，就超过了自美国减少进口的金额，这是由于巴西大豆较为全面地代替了中国市场上的美国大豆。智利的情况也与巴西类似，中国加大了对智利铜矿石的进口，以部分替代美国的铜矿石。不过，美国矿产品最主要的替代国为澳大利亚。澳大利亚与巴西的情况相似，虽然总体可替代程度不高，但有能力对中国清单上某一特定美国产品进行全面替代。不过在对美国高科技产品的可替代程度和规模上，拉美仅有墨西哥一国位列中国的前 20 位贸易伙伴，而且 2018 年中国自墨西哥进口的高技术产品总额为 20.7 亿美元，相较之下，同期自日本和韩国进口的此类产品的金额则分别达到了 338.6 亿美元和 315.7 亿美元。

对美国而言，墨西哥和日本在中技术产品和高技术产品分类下，不仅对中国产品具有较高的可替代度，而且也是美国重要的进口来源地，与中国的中高技术产品存较强的竞争性。但是，墨西哥的“一枝独秀”得益于其特殊的地理位置和美墨加自由贸易协定成员国的特殊地位。墨西哥在美国中高技术产品进口结构中的特殊性和重要性，更显出了包括巴西在内的拉美多数国家的“边缘化”。此外，美国自墨西哥和加拿大进口的中技术类产品的金额均大于中国，日本和德国对美国出口的中技术产品的规模也与中国相近，由此可见，美国对中国的中高技术产品的进口主要还是受到国内市场需求的驱动，很难被墨西哥甚至日本等国完全替代。即便被加征关税，中国的中技术产品依然在美国市场具备一定竞争优势。而在高技术产品类别下，2018 年，美国自华进口的美方清单涉及产品为 1003.6 亿美元，自第二和第三进口来源地墨西哥和德国的进口金额分别是 712.1 亿美元和 319.1 亿美元，但从进口金额上来看，也依然与自华进口存在显著差距。从增长幅度角度考虑，2018 年美国自中国进口的高技术产品的增幅仅为 3.43%，而墨西哥和德国的这一数据分别为 10.72% 和 31.93%，从爱尔兰、中国台湾、韩国和意大利的进口增长幅度也十分突出，而且在这一类别下，许多发达经济体对中国具有非常高的可替代度，部分国家甚至出现了 $TPS_{i,chn} = 1.000$ 的情况，这意味着美国或可以从这些国家进口中国无法提供的高技术产品。因此，双方的关税清单生效后，美国更有可能转向那些高替代度国家，最终导致美国本土市场的部分进口需求转移。不过，无论是中国还是美国的需求转移，拉美的多数国家恐怕都难以大规模地在短期内对两国扩大出口这些具有更高附加值的产品。

第四节　本章小结

在这一章中，我们试图从全球贸易格局的视角出发，从全球贸易格局震荡对世界的潜在影响着手，以一般均衡模型之外的方式，找出可以在中美双边贸易结构中替代中国和美国的其他贸易对象，并评估它们对中国（和美国）的替代程度。本章做了以下工作：第一，使用已经生效的中美关税清单，在全球范围内寻找可以替代中国和美国在彼此国际贸易体系中的地位的贸易伙伴。第二，计算出了各个国家对中国和美国清单涉及产品的实际进口可替代度以及双方清单涉及产品的技术分类，发现仅有少数国家能够较为全面地代替美国在中国国际贸易体系中的地位（反之亦然），但中国在美国进口结构中的可替代性更低。第三，根据对中美双方清单中的重点产品的计算结果，发现在“重点产品”的范围内，中国是美国的主要，甚至唯一出口方，美国几乎找不到等规模的可替代贸易伙伴；相较之下，中国在这些产品上可以找到其他贸易伙伴可以替代美国。第四，通过计算贸易产品可替代度，找到了本次贸易震荡框架下中国的潜在重点贸易伙伴和潜在重点竞争伙伴。

在进行完全球贸易可替代度指标核算后，我们对拉美——本书的主要研究对象——的可替代程度进行了评估。在全球范围内，拉美的绝大多数国家的对中国和美国清单产品的可替代度均处于中等偏下的水平，尚无拉美国家能够较为全面地代替中国和美国在各自全球贸易结构中的地位。拉美地区和区域内各国的可替代性不仅显著低于欧盟日韩等发达经济体，也普遍低于亚洲的发展中经济体，这一结论对中美产品皆成立。而且拉美国家的产品不仅替代程度有限，区域内大部分国家对中国和美国的出口也相当有限，出口的规模和多样性程度主要受其经济发展水平所决定。所以，在双方的关税清单生效后，无论是中国还是美国的需求转移，拉美的多数国家恐怕都难以大规模地在短期内对两国扩大出口这些具有更高附加值的产品。

此外，虽然拉美整体上因为贸易震荡扩大了对中国和美国的出口，但是区域内不同国家的可替代程度差异很大：巴西和墨西哥分别成为对中国和美国重要性最高的国家，而且重要性远远超出拉美地区其他国家。

第四章

中拉贸易潜力测算：拓展引力模型与双边显性比较优势

第一节 拓展引力模型

第二章总结了21世纪以来中美双边贸易的特征，并分析了拉美在全球贸易震荡的大背景下在中国和美国进口结构中的地位，第三章则讨论了全球贸易格局下拉美对中国和美国涉清单产品的可替代性。目前中国从拉美进口的中国清单涉及产品的金额分别为822.14美元（2017年）和1021.01亿美元（2018年），同比增长了24.19%，但清单涉及产品进口在中国自拉美总进口的比重在两年间保持稳定，2017年和2018年分别为71.21%和71.13%。其中，自巴西的进口金额最高，2017年和2018年分别达到311.19亿美元和420.05亿美元，分别占自拉美涉清单总进口的37.85%和41.14%。相较之下，在2017年和2018年，美国从拉美进口的涉清单产品总额分别为3634.85亿美元和4108.48亿美元（若剔除墨西哥，则分别为859.94亿美元和1009.44亿美元），可以说，无论是从金额还是从产品种类而言，在中拉和美拉双边贸易中，美国对拉美的贸易优势依然更为突出，对拉美特别是对墨西哥和部分中美洲国家产品的需求更多元。但同时不可否认的是，中国对拉美地区的重要性与日俱增。在高震荡性和高不确定性日益成为世界贸易格局下更为常态化的一环时，尽管经济体量存在差异且发展水平不一，拉美各国如果能扩大贸易出口，双边经济联系也有望进一步加强——这既包括整体出口，也包括涉清单产品出口。因此，本章将从深化中拉经贸合作的立场出发，分别使用引力模型的分析框架和显性比较优势指数，进一步探讨在中美关税清单商品中，拉美是否具备对中国扩大出口的潜力，以及哪些产品具备潜力。

引力模型（Gravity Model）自从诞生以来，便成为学术界和业界最广泛用的、估算和衡量双边货物贸易潜力的经典贸易模型之一（Tinbergen，1962）①。引力模型的优势在于结果高度稳定而且在实证研究中具有极强的政策实用性（Yotov et al.，2016）②。

---

① Tingergen J. Shaping the world economy, an analysis of world trade flows [J]. New York. Twentieth Century Fund, 1962.

② Yotov Y V, Piermartini R, Monteiro J A, et al. An advanced guide to trade policy analysis: The structural gravity model [M]. Geneva: World Trade Organization, 2016.

经过超过50年的实证和理论研究，引力模型不断得到修正和发展，如Head and Mayer（2014）[①]即对该模型进行了系统回顾和总结。在本章中，笔者将沿用Anderson and van Wincoop（2003）[②]的理论框架，并结合世界贸易组织和联合国贸发会议（WTO and UNCTAD，2012[③]，Yotov et al.，2016）的模型设定，建立实证模型并进行估算。

本章使用的基准计量模型的设定如下：

$$LnEX_{ij,t}^{List} = \beta_0 + \beta_1 LnY_{i,t} + \beta_2 LnY_{j,t} + \beta_3 LnDis_{ij,t} + \beta_4 LnTC_{ij,t} + \beta_5 Ln(tf_{ij,t} + 1) + \beta_6 RTA_{ij,t} + \epsilon_{ij,t} \quad (4.1)$$

其中，$EX_{ij,t}^{List}$是拉美各国向中国出口的“中方关税清单”涉及产品的金额，$Y_{i,t}$和$Y_{j,t}$分别为出口方（拉美国家）和进口方（中国）的名义GDP，$Dis_{ij,t}$为拉美各国和中国首都之间的大圆地理距离（Greater Circle Distance），$TC_{ij,t}$为拉美和中国之间的以从价法（*Ad Valorem*）核算的贸易总成本，$tf_{ij,t}$为中国向拉美对华出口产品征收的加权平均实际关税，由于引力模型在估算中需要对因变量和非哑变量的自变量取自然对数，所以将关税转化为（$tf_{ij,t}+1$）以确保得到正值。此外，RTA_{ij}均为哑变量，表示中拉双边之间是否签署有区域贸易协定，若是，则记为1；反之，则

① Head K，Mayer T. Gravity equations：Workhorse，toolkit，and cookbook［M］//Handbook of international economics. Elsevier，2014，4：131－195.

② Anderson J E，Van Wincoop E. Gravity with gravitas：A solution to the border puzzle［J］. American economic review，2003，93（1）：170－192.

③ WTO，UNCTAD. A Practical Guide to Trade Policy Analysis［M］. World Trade Organization and United Nations，2016.

记为0。

根据数据的可得性，在实证建模阶段本书剔除了拉美国家中唯一被联合国归于“最不发达国家”的海地。选取的时间段为2001年至2017年，面板数据共涉及544（32×17）个样本。模型中拉美向中国的出口数据来自WITS数据库，并根据商务部提供的对美产品关税产品清单计算出了清单涉及产品的年出口额，名义GDP来自世界银行WDI数据库（World Development Indicator），是否签署区域贸易协定、拉美和中国的地理距离数据来自法国国际经济研究中心CEPII数据库，双边贸易总成本数据来自联合国亚太经社会－世界银行全球贸易成本数据库（UNESCAP－WB Trade Cost Database），关税数据来自TRAINS数据库（表4－1）。

表4－1　引力模型变量描述及来源

变量名	变量定义	预期符号	数据来源
$\mathrm{Ln}EX_{ij,t}^{List}$	涉清单产品拉美对华出口额（数值变量）	/	世界银行WITS数据库
$\mathrm{Ln}Y_{i,t}$	拉美各国名义GDP（数值变量）	+	世界银行WDI数据库
$\mathrm{Ln}Y_{j,t}$	中国名义GDP（数值变量）	+	世界银行WDI数据库
$\mathrm{Ln}Dis_{ij,t}$	进出口国首都地理距离（数值变量）	−	法国CEPII数据库
$\mathrm{Ln}(tf_{ij,t}+1)$	进口国加权最惠国关税（数值变量）	−	世贸TRAINS数据库
$\mathrm{Ln}TC_{ij,t}$	双边贸易成本（数值变量）	−	联合国亚太经社会—世界银行全球贸易成本数据库
$RTA_{ij,t}$	双边是否签署双边自贸协定（哑变量，如是则记为1，否则记为0）	+	法国CEPII数据库

数据来源：作者自行整理而成。

表4－2报告了所有变量之间的皮尔逊相关性系数及描述性统计，变量间的相关性系数均低于0.9，方差膨胀因子（VIF）

均低于5，表明模型不受多重共线性的影响。LLC平稳性检验结果也拒绝了存在面板数据单位根和数据非平稳的原假设。

表4-2　变量的相关性系数举证和描述性统计

变量	$LnEX_{ij,t}^{List}$	$LnY_{i,t}$	$LnY_{j,t}$	$LnDis_{ij,t}$	$Ln(tf_{ij,t}+1)$	$LnTC_{ij,t}$	$RTA_{ij,t}$
$LnEX_{ij,t}^{List}$	1.000						
$LnY_{i,t}$	0.833***	1.000					
$LnY_{j,t}$	0.264***	0.164***	1.000				
$LnDis_{ij,t}$	0.377***	0.312***	0.001	1.000			
$Ln(tf_{ij,t}+1)$	-0.177***	-0.106*	-0.304***	-0.137***	1.000		
$LnTC_{ij,t}$	-0.803***	-0.830***	-0.180***	-0.478***	0.178***	1.000	
$RTA_{ij,t}$	0.285***	0.223***	0.185**	0.2483***	-0.292***	-0.339***	1.000
VIF	—	3.36	1.15	1.37	1.19	4.13	1.23
LLC	-9.070***	-6.415***	-11.357***	—	-1.929*	-4.086***	—
均值	15.563	23.506	29.146	9.618	1.434	5.374	0.046
中值	16.479	23.618	29.239	9.586	1.459	5.345	0.000
标准差	5.212	2.205	0.762	0.114	0.921	0.441	0.210
最小值	0.000	19.638	27.912	9.426	0.000	4.314	0.000
最大值	23.678	28.538	30.136	9.858	4.551	6.838	1.000
样本数	544	544	544	544	544	544	544

注：***，**，*分别表示P检验在1%、5%和10%的水平显著。下文同。

值得注意的是，样本时期内的距离变量（$Dis_{ij,t}$）和拉美对华出口额（$EX_{ij,t}^{List}$）的相关性系数为0.377，且在1%的水平显著。这一结果与经典的引力模型相悖——在实证研究中，两国间距离常用于衡量两国间的（运输）贸易成本，通常取值在[-1，0]之间，即国家间物理距离越远，贸易成本越高，因此距离和贸易额呈现负相关性。关于拉美对华出口贸易额与两地距离呈现正相关的原因可以根据 Dreyer（2013①，2014②）对欧洲和全球农产品贸易的实证研究得到解释。两文中引力模型的结果表明，农产品的贸易额与贸易伙伴之间的南北纬度距离呈正相关性，但与其他贸易成本呈现负相关性。因为两地间的南北纬度距离越大，地理条件和种植条件差异越大，从而资源禀赋互补性越强，两地间进行农产品贸易需求也越强。此外，Anderson，Vesselovsky and Yotov（2016）③ 基于加拿大贸易的引力模型的结果也发现，在特定的贸易品类下——如石油、矿产品和化学产品，墨西哥和加拿大的物理距离与加拿大对墨西哥出口额成正比。因此，表 4－2 中地理距离和贸易额成正比的现象也得到了解释：第一，中拉间的贸易产品种类高度集中，拉美对华出口额最高的 20 种产品占对华总出口的 80% 以上，大豆、矿产品和石油产品在拉美对华出口中占据压倒性比重（CEPAL，2018）。第二，拉美是与中国距离最遥远的贸易伙伴，中国与拉美的许多城市互为地理上的对跖地，南北距离最远。所以中拉间的贸易成本不能仅根据地理距离进行估算，地理距离或不成为双方贸易的阻碍因素。此外，实证引力模型中常用的其他衡量贸易成本的变量也并不适用于中拉双

① Dreyer H. How distance and different areas of cultivation determine European food and agricultural trade flows ［C］ //53rd Annual Conference, Berlin, Germany, September 25－27, 2013. German Association of Agricultural Economists （GEWISOLA）, 2013 (156226).

② Dreyer H. Misaligned distance: Why distance can have a positive effect on trade in agricultural ［R］. 2014.

③ Anderson J E, Vesselovsky M, Yotov Y V. Gravity with scale effects ［J］. Journal of International Economics, 2016, 100: 174－193.

边贸易关系：中拉之间不接壤、没有共同语言、不互为殖民地、样本时期内的拉美国家均为WTO成员（或观察员），中拉之间也不存在均为内陆国的情况，等等。为了能更好地估算贸易成本对拉美对华出口的影响，在实证中我们引入联合国亚太经社会－世界银行全球贸易成本数据库的中拉贸易总成本数据①和中国对拉美征收的加权平均实际关税作为衡量双边贸易成本的自变量，两者与出口额的负相关性也符合引力模型的理论假设——贸易成本与贸易金额成反比。

最后，样本时期内拉美对华出口存在零贸易额的情况，加上面板数据可能出现的异方差性，都将影响计量模型的估算。实证引力模型中常见的最小二乘法（OLS）和泊松法均要求对因变量进行自然对数线性化，因此在实证研究中，一个常见的处理办法是将零贸易额加1然后取对数，或者去除零贸易额，但这或将带来样本截断（Sample Truncation），导致估算结果产生偏差。而且在实际情况中，真实存在（而非简单报告错误）的零贸易携带了贸易信息，为了避免剔除零贸易并尽可能消除估算偏差，本章使用目前学界常用的泊松伪极大似然估计法（Poisson Pseudo Maximum Likelihood，PPML）进行模型估算（Santos Silva and Tenreyro，2006②）。PPML法可以在模型存在异方差的情况下依然得到

① 关于该数据库对双边贸易总成本的计算方法和初步实证结果，参阅https：//www.unescap.org/sites/default/files/publications/Working_Paper_0115_1.pdf.

② Silva J M C S，Tenreyro S. The log of gravity［J］. The Review of Economics and statistics，2006，88（4）：641－658.

无偏的估算结果。在涉及贸易政策的实证研究中，PPML 估计法的稳定性和对异质性的修正也在许多实证研究中得到了认可（Yotov *et al.*，2016）。

表 4－3 是基于公式（4.1）进行的基准引力模型的估算结果。为了比较最小二乘法（OLS）和泊松伪极大似然法的区别，本书先后使用了两种估算方法，OLS［1］和 PPML［1］分别为相应的回归结果。此外，对实证引力模型在估算过程中常见的异质性问题，本书通过使用双边面板贸易数据（中国为样本时间段内拉美各国唯一的出口对象国）、加入有助于减少个体异质性的贸易成本变量（$TC_{ij,t}$）以及加入时间固定效应进行了控制（Cheng and Wall，2005①，Baier and Berstrand，2007②）。时间固定效应也有助于降低因“多边阻力条款”而导致的估算偏差（Baldwin and Talioni，2006③）。考虑了时间固定效应后的回归结果分别为 OLS［2］和 PPML［2］，使用 PPML 法估算出的回归结果与引力模型的理论预期相符。即拉美国家和中国的 GDP 与拉美国家对华出口水平正相关，相隔南北半球的地理距离促进了拉美对华出口，但是贸易成本与贸易量成反比，关税水平对拉美对华出口有不显著的负面影响，而自由贸易协定对拉美对华出口有不显著的正面

---

① Cheng I H，Wall H J. Controlling for heterogeneity in gravity models of trade and integration［J］. Federal Reserve Bank of St. Louis Review，2005，87（1）：49－63.

② Baier S L，Bergstrand J H. Do free trade agreements actually increase members' international trade?［J］. Journal of international Economics，2007，71（1）：72－95.

③ Baldwin R，Taglioni D. Gravity for dummies and dummies for gravity equations［J］. NBER Working Paper，2006.

影响。此外，根据 Santos Silva and Tenreyro (2006)，PPML 法估算出来的系数要低于 OLS 法的估计值，回归结果也符合这一发现。

表 4－3　　基准引力模型回归结果：全样本

	OLS [1]	OLS [2]	PPML [1]	PPML [2]
$LnY_{i,t}$	1.313***	1.339***	0.767***	0.787***
(s.e.)	(0.109)	(0.110)	(0.076)	(0.077)
$LnY_{j,t}$	0.774***	1.154***	0.500***	0.166
(s.e.)	(0.172)	(0.360)	(0.125)	(0.361)
$LnDis_{ij,t}$	2.762***	2.967***	0.886	1.032*
(s.e.)	(0.822)	(0.838)	(0.593)	(0.601)
$LnTC_{ij,t}$	－3.314***	－3.115***	－2.747***	－2.590***
(s.e.)	(0.610)	(0.622)	(0.466)	(0.475)
$Ln(tf_{ij,t}+1)$	－0.101	－0.017	－0.090	－0.025
(s.e.)	(0.143)	(0.156)	(0.107)	(0.118)
$RTA_{ij,t}$	0.622**	0.838***	0.190	0.039
(s.e.)	(0.302)	(0.322)	(0.256)	(0.269)
Cons	－46.476***	－61.910***	0.797	10.795
(s.e.)	(14.813)	(18.371)	(10.321)	(10.871)
Time Fixed Effect	No	Yes	No	Yes
Observations	544	544	544	544
R^2	0.751	0.757	0.695	0.699

注：括号内为异方差稳健标准误差。时间固定效应的回归系数略去。下文同。

随后，我们对回归结果展开稳健性检验。稳健性检验的步骤如下：第一步，剔除样本中的加勒比国家（岛国因素）；第二步，减少 GDP 与贸易量的内生性，使用滞后一期的 GDP 代替当期 GDP 进行回归；第三步，2008 年全球金融危机对发展中经济体的影响深远，在中拉双边层面，体现在双方的经贸往来更为密切，因此，本书额外截取 2010—2017 年的时间样本，考察“后金融危机时期”的模型拟合情况。

稳健性检验的结果汇总在表 4 - 4。回归结果表明，在不同时间段、不同样本国家间分别进行估算所得出的系数均很稳定，变化很小。PPML 法估算出的系数也基本符合引力模型的理论预期：无论是否包括加勒比国家，拉美对华出口贸易额与双方 GDP、南北纬度距离、是否签订自由贸易协定成正比，与贸易成本、关税水平成反比。此外，在不同的样本中，$\mathrm{Ln}Y_{i,t}$始终在 1% 的水平显著，而$\mathrm{Ln}Y_{j,t}$并非始终显著。这表明拉美的 GDP 增长对拉美扩大向中国出口“中国清单”涉及产品具有正向促进作用，但中国 GDP 的增长对提高拉美对华出口中方清单产品的影响并不显著，拉美是否有潜力扩大对华出口主要取决于拉美自身的出口能力和经济发展水平，换言之，倘若拉美的经济发展水平提高，则有助于其提高对华出口中方清单涉及产品，对美国产品产生一定规模的替代效应。

表 4 - 4　　引力模型回归结果：稳健性检验

	PPML［3］	PPML［4］	PPML［5］	PPML［6］	PPML［7］
$\mathrm{Ln}Y_{i,t}$	0.756***		0.768***		0.545***
(*s. e*)	(0.081)		(0.061)		(0.052)
$\mathrm{Ln}Y_{j,t}$	0.923		0.165		0.163
(*s. e*)	(3.034)		(0.239)		(0.218)
$\mathrm{Ln}Y_{i,t-1}$		0.672***		0.764***	
(*s. e*)		(0.054)		(0.061)	

续表

	PPML［3］	PPML［4］	PPML［5］	PPML［6］	PPML［7］
$\mathrm{Ln}Y_{j,t-1}$		0. 768		0. 206	
$(s.e)$		(1. 480)		(0. 239)	
$\mathrm{Ln}Dis_{ij,t}$	2. 518***	2. 17***	0. 361	0. 422	1. 068**
$(s.e)$	(0. 497)	(0. 423)	(0. 618)	(0. 620)	(0. 437)
$\mathrm{Ln}TC_{ij,t}$	-1. 766***	-1. 949***	-1. 466***	-1. 492***	-1. 326***
$(s.e)$	(0. 351)	(0. 282)	(0. 434)	(0. 441)	(0. 279)
$\mathrm{Ln}(tf_{ij,t}+1)$	-0. 257**	-0. 230**	-0. 115	-0. 092	-0. 193**
$(s.e)$	(0. 107)	(0. 109)	(0. 123)	(0. 117)	(0. 077)
$RTA_{ij,t}$	0. 402*	0. 393*	0. 930***	0. 949***	1. 100***
$(s.e)$	(0. 238)	(0. 220)	(0. 239)	(0. 242)	(0. 141)
Cons	-32. 31	-22. 89	14. 302	14. 443	6. 700
$(s.e)$	(91. 512)	(44. 457)	(9. 418)	(10. 847)	(9. 611)
Time Fixed Effects	Yes	Yes	Yes	Yes	Yes
Include Caribbean	No	No	Yes	Yes	No
Sample Period	2001 - 17	2001 - 17	2010 - 17	2010 - 17	2010 - 17
Observations	340	320	256	256	160
R - squared	0. 760	0. 780	0. 813	0. 811	0. 879

注：括号内为异方差稳健标准误差。时间固定效应的回归系数略去。

最后，使用模型 PPML［2］得出的估算结果测算中拉双边在“中方清单”涉及产品上贸易潜力 P_{trade}。倘若拉美对中国实际出口的此类产品的金额超过了引力模型所预测的金额，则拉美对中国存在贸易过度的情况；反之，双方间的货物贸易存在潜力。

$$P_{trade} = Export_{actual}^{List} / Export_{predicted}^{List} \tag{4.2}$$

表 4 -5 计算了 2017 年度拉美 32 国（不包含海地）对华出口“中方清单”产品的潜力指数。各国的出口潜力指数普遍 <1，这意味着中国和拉美国家之间的“中方清单”涉及产品的贸易属

于贸易待开发型，亦可理解为贸易不足。由此可见，拉美国家普遍具备扩大对华出口该类产品的潜力，特别是一些加勒比国家，虽然目前对华出口的金额较低，但它们一方面是区域内具备最大扩大出口潜力的国家；另一方面，也无疑是受到美国经济、政治因素影响最深，对美国依赖程度最高的国家。

表 4－5　　　　　　　　拉美国家对华出口潜力指数

国家	P_{trade}	国家	P_{trade}
阿根廷	0.860	圭亚那	0.831
安提瓜和巴布达	0.435	洪都拉斯	0.862
巴哈马	0.613	牙买加	0.869
伯利兹	0.739	圣基茨和尼维斯	0.909
玻利维亚	0.952	圣卢西亚	0.639
巴西	0.893	墨西哥	0.936
巴巴多斯	0.773	尼加拉瓜	0.850
智利	0.969	巴拿马	0.803
哥伦比亚	0.881	秘鲁	1.003
哥斯达黎加	0.969	巴拉圭	0.808
古巴	0.912	萨尔瓦多	0.910
多米尼克	0.876	苏里南	0.765
多米尼加	0.914	特立尼达和多巴哥	0.972
厄瓜多尔	0.892	乌拉圭	0.949
格林纳达	0.568	圣文森特和格林纳丁斯	0.748
危地马拉	0.862	委内瑞拉	0.867

注：拉美对华实际出口数据来自世界银行 WITS 数据库，预测出口数据来自引力模型 PPML［2］估算结果。

第二节　显性比较优势指标

潜力模型的结果表明拉美各国普遍具备扩大对华出口“中方清单”涉及产品的潜力。显性比较优势指标（Revealed Comparative Advantage, RCA）将用于进一步计算拉美各国具备扩大对华出口潜力的具体“中国清单”涉及产品。显性比较优势基于李嘉图的比较优势概念，在国际经济学中，该指标普遍用于计算某国在出口某类商品或服务中的相对优势或劣势：

根据 Balassa（1965）①，显性比较优势（RCA）的计算公式为：

$$RCA_{ik} = (x_{ik}/X_i)/(x_{wk}/X_w) \tag{4.3}$$

其中，x_{ik}和x_{wk}分别为国家 i 和世界 w 产品 k 的出口总额，X_i和X_w则分别为国家 i 和世界 w 的出口总额，若$RCA_{ik}>1$，则国家 i 在产品 k 上具备显性比较优势。基于公式（4.3），两国间的双边显性比较优势（BRCA）则为

$$BRCA_{ij,k} = (x_{ij,k}/X_{ij})/(x_{wj,k}/X_{wj}) \tag{4.4}$$

无论是RCA_{ik}还是$BRCA_{ij,k}$，其取值都在（0，$+\infty$)之间，呈现

① Balassa B. Trade liberalisation and “revealed” comparative advantage 1 [J]. The manchester school, 1965, 33 (2): 99 - 123.

非对称性。因此，我们采用 Laursen（2000）[①] 的标准化方法，将 RCA_{ij} 和 $BRCA_{ij}$ 转换为对称的指标：

$$NBRCA_{ij,k} = \frac{BRCA_{ij,k} - 1}{BRCA_{ij,k} + 1} \tag{4.5}$$

$NBRCA_{ij,k}$ 的取值在（-1，1）之间，若 $NBRCA_{ij,k} > 0$，则该产品被认为具备双边显性比较优势；$NBRCA_{ij}$ 取值越接近 1，则显性比较优势越大，扩大出口的潜力越大。[②]

表 4-6 和表 4-7 分别列出了 2017 年度拉美各个国家和拉美整个区域具备对华出口的双边显性比较优势的产品种类、对华出口金额，以及这些具备显性比较优势的产品的出口额在其对华总出口额中的占比和在对世界总出口额中的占比。与前文保持一致，仅汇报已经实现对华出口的潜力产品。结果表明：第一，拉美地区共有 239 种中方关税清单涉及产品具备扩大对华出口的潜力，拉美各国普遍具备向中国扩大出口中方清单涉及产品的潜力，但各国潜力差别很大：根据 2017 年的双边贸易数据，23 个拉美国家的优势产品的对华出口金额占其对华总出口金额的 50% 以上，另有 10 个国家的优势产品的对华出口金额超过其全球总

① Laursen，K. Trade specialisation，technology and growth：Theory and evidence from advanced countries［M］. Cheltenham，UK and Lyme，US：Edward Elgar，2021.

② 关于显性比较优势指标的其他计算方法，常见的还有 Yu，Cai & Leung（2009）的研究成果。但本书仅关注某一产品是否具备对华出口的潜力和比较优势，并不关注其优势程度，因此无论采取哪种显性比较优势指标，均不改变结论，仅影响优势程度。但需要说明的是，拉美部分国家对华出口数据和中国自拉美国家进口数据的统计口径差距较大，在显性比较优势指标的计算中，因为考虑的是拉美国家对华出口潜力，故使用的是出口方的数据（即拉美国家为汇报方）。

出口金额的50%。其中，智利、哥伦比亚、厄瓜多尔、圭亚那、牙买加、墨西哥、苏里南和委内瑞拉的出口潜力最为突出——以上几国的优势产品对华出口金额在对华总出口金额中的比重均有限，且有能力进一步扩大出口；而阿根廷、巴西、哥斯达黎加、秘鲁、乌拉圭等国的优势产品虽然已经大量对华出口，但这些产品的对华出口金额尚未达到其全球总出口金额的75%，这意味着对于这些国家而言，依然具备一定的出口潜力。无论世界贸易震荡是否持续，拉美国家普遍可以通过扩大出口优势产品使双方进一步受益。第二，根据表4－6的结果，结合引力模型的估算结果，拉美有更大的能力向中国出口其具备双边显性优势的产品，中国和拉美在这些产品上的贸易潜力有极大的提升空间，特别是在轻、重工业制成品上，拉美国家对中国的出口仅占其全球出口的极小一部分，而这些产品普遍也是附加值较高的产品，如能扩大对华出口，将有助于改进拉美对华出口的贸易产品高度集中等问题。因此，至少在原材料上，拉美地区可以对“中方清单”上涉及的美国产品进行程度较高、规模较大的替代，这或将助于进一步深化中拉经济，特别是贸易关系。第三，不容忽视的是，拉美各个国家具备扩大对华出口潜力的产品种类有限，特别是一些加勒比国家，少数的几种优势产品已然是其对华出口的重要产品，且中国正是其主要进口方。不过，对于加勒比国家而言，由于它们与中国经济体量的巨大差异，短期内恐难以提高生产效率，以便更大规模地扩大对华出口，也很难达成具有规模效应的出口多样性，因此，地缘因素对其的影响或更为重要。

表 4-6　拉美各国对华出口的潜力：双边显性比较优势（$NBRCA_{ij,k}>0$）

国家	产品种类	对华出口金额	优势产品占对华出口总额比重	优势产品对世界出口总额	对华出口占总出口比重	国家	产品种类	对华出口总额	优势产品占对华出口总额比重	优势产品对世界出口总额	对华出口占总出口比重
阿根廷	31	4035.8	84.89%	6838.1	57.11%	洪都拉斯	25	23.9	95.87%	2672.9	0.77%
安提瓜和巴布达	3	0.003	41.35%	0.004	71.91%	海地	14	7.6	99.25%	270.5	2.72%
巴哈马	4	21.0	100.00%	73.6	28.43%	牙买加	9	48.1	55.24%	540.6	4.76%
伯利兹	5	0.3	63.65%	0.3	79.32%	圣基茨和尼维斯	3	0.7	99.77%	14.5	4.79%
玻利维亚	19	342.7	96.66%	1844.9	18.56%	圣卢西亚	6	0.1	54.17%	1.6	3.33%
巴西	18	29588.9	50.24%	42200	65.40%	墨西哥	37	11800.0	65.74%	18300.0	18.84%
巴巴多斯	7	24.7	99.54%	93.3	26.40%	尼加拉瓜	18	28.4	77.13%	1597.8	1.32%
智利	46	17782.5	93.15%	49390.46	36.00%	巴拿马	12	62.0	69.41%	96.9	43.22%
哥伦比亚	7	499.9	12.87%	820.4	56.33%	秘鲁	21	13400.0	92.23%	21900.0	55.71%
哥斯达黎加	29	698.9	88.28%	5345.8	12.47%	巴拉圭	12	33.0	90.62%	139.3	21.31%
古巴	6	394.6	99.14%	1063.8	36.69%	萨尔瓦多	18	116.4	98.22%	722.2	15.60%
多米尼克	11	0.7	100.0%	0.8	81.93%	苏里南	9	26.2	20.18%	107.0	4.93%
多米尼加	20	164.9	98.39%	3149.6	4.83%	特立尼达和多巴哥	4	182.3	99.94%	4522.1	4.02%
厄瓜多尔	14	562.5	49.88%	6217.1	8.85%	乌拉圭	23	2650.2	96.40%	4381.6	57.66%
格林纳达	2	0.01	99.83%	0.02	60.22%	圣文森特和格林纳丁斯	2	0.4	15.57%	0.1	97.09%
危地马拉	18	105.3	98.63%	1383.1	7.23%	委内瑞拉	2	7219.9	4.49%	424.8	25.03%
圭亚那	8	8.5	0.2	34.4	24.36%						

数据来源：WITS 数据库。金额单位为百万美元。拉美国家为报告方。

表 4－7　　拉美地区各产品部门对华出口的潜力：双边显性比较优势（$NBRCA_{ij}>0$）

产品分类	产品种类	对中国出口	对世界出口	对华出口占比
动物产品	24	35.20	179.12	19.65%
植物产品	42	266.16	760.43	35.00%
食品	25	32.71	258.90	12.63%
矿物矿产品	13	202.73	450.16	45.04%
燃油产品	1	0.78	3.43	22.81%
化学产品	35	9.10	74.73	12.18%
塑料及橡胶	2	0.16	2.32	6.93%
生皮皮革	10	9.28	27.67	33.55%
木及木制品	17	62.15	148.04	41.98%
纺织原料及制品	8	0.20	3.27	6.21%
鞋帽	2	0.12	4.13	3.02%
石料与玻璃	4	0.19	6.86	2.74%
金属产品	16	113.80	254.78	44.67%
机械电子产品	19	6.14	35.96	17.07%
交通产品	8	4.74	125.11	3.78%
其他产品	13	9.84	141.66	6.95%
总值	239	753.32	6867.01	10.97%

数据来源：WITS 数据库。单位为亿美元。拉美地区（33 国总值）为报告方。

第三节　本章小结

本章使用拓展引力模型框架，量化了拉丁美洲对中美产品在中国和美国的全球贸易结构中的替代效应，特别是拉美对华出口涉清单产品的潜力，并找出了拉美 33 国具备扩大对华出口潜力的相关产品。

根据引力模型的估算结果和双边显性比较优势指数（NBRCA），拉美各国普遍有扩大向中国出口的潜力，并且能够生产且出口中方清单涉及的美国产品。这些产品的种类不多，但对于多数拉美国家来说，已经是其对华重点出口产品。

拉美各国扩大对华出口的潜力差别较大，但双边贸易具备显著的提升空间——在未来，无论贸易震荡格局是否会持续，扩大对这些产品的贸易量都有助于提高中国和拉美国家的贸易收益，并有可能成为双方进一步发掘贸易潜力的着力点。此外，在现有的清单涉及产品中，拉美国家具备显性比较优势的产品远远多于目前实现对华出口的产品，在未来，随着中拉经贸关系进一步加强，中国也具备增加自拉美进口多样性的潜力，双边贸易潜力的提升需要双方共同努力，这需要中拉双方在贸易便利化等问题上进一步提升共识，以达成更高效、更大规模的全面经济合作。

第五章

案例研究

前文提及，在本书涉及的样本时间段内，巴西和墨西哥分别是对中国和美国最重要的两个拉美国家。本章中将从全球价值链和增加值贸易的角度对中国和巴西，以及美国和墨西哥的双边经贸关系展开案例研究。

第一节　理论框架：增加值贸易

目前已有大量关于全球价值链和增加值贸易的理论和实证研究，最新的回顾性研究可见 Borin and Mancini (2019)① 和 Antras

① Borin A, Mancini M. Measuring what matters in global value chains and value – added trade [J]. World Bank policy research working paper, 2019 (8804).

and Chor（2021）[①]。

现将增加值贸易的理论框架概述如下：

假设存在一个标准的国家间投入产出（ICIO）模型，其中共有 G 个国家和 N 个部门，均交易中间产品和最终产品。因此，$X_s = (\chi_1^s \chi_2^s \cdots \chi_N^s)'$ 是 s 国生产的总产出的 $N \times 1$ 向量，Y_s 是最终产品的 $N \times 1$ 向量，它等于每个目的地国家 r 对 s 国生产的产品的最终需求：$\sum_r^G Y_{sr}$。为了生产一单位商品 i 的总产出，一个国家要使用一定数量的国内生产或从其他国家进口的中间产品 j。因此，每个单位的总产出既可以作为最终产品消费，也可以在国内或国外作为中间产品使用：

$$X_s = \sum_r^G (A_{sr} X_r + Y_{sr}) \tag{5.1}$$

其中，A_{sr} 是在 s 国生产，并在 r 国进一步加工的中间投入的 $N \times N$ 系数矩阵：

$$A_{sr} = \begin{bmatrix} a_{sr,11} & a_{sr,12} & \cdots & a_{sr,1N} \\ a_{sr,21} & a_{sr,22} & \cdots & a_{sr,2N} \\ \vdots & \vdots & \ddots & \vdots \\ a_{sr,N1} & a_{sr,N2} & \cdots & a_{sr,NN} \end{bmatrix} \tag{5.2}$$

使用块状矩阵符号，G 个国家和 N 种商品的生产和贸易的一般情况可以表示如下：

① Antràs P, Chor D. Global value chains [J]. NBER Working Paper, 2021.

$$\begin{bmatrix} X_1 \\ X_2 \\ \vdots \\ X_G \end{bmatrix} = \begin{bmatrix} A_{11} & A_{12} & \cdots & A_{1G} \\ A_{21} & A_{22} & \cdots & A_{2G} \\ \vdots & \vdots & \ddots & \vdots \\ A_{G1} & A_{G2} & \cdots & A_{GG} \end{bmatrix} \begin{bmatrix} X_1 \\ X_2 \\ \vdots \\ X_G \end{bmatrix} + \begin{bmatrix} Y_{11} & Y_{12} & \cdots & Y_{1G} \\ Y_{21} & Y_{22} & \cdots & Y_{2G} \\ \vdots & \vdots & \ddots & \vdots \\ Y_{G1} & Y_{G2} & \cdots & Y_{GG} \end{bmatrix} \begin{bmatrix} 1 \\ 1 \\ \vdots \\ 1 \end{bmatrix} \tag{5.3}$$

则总产出和最终需求的关系可以表述如下：

$$\begin{bmatrix} X_1 \\ X_2 \\ \vdots \\ X_G \end{bmatrix} = \begin{bmatrix} I-A_{11} & -A_{12} & \cdots & -A_{1G} \\ -A_{21} & I-A_{22} & \cdots & -A_{2G} \\ \vdots & \vdots & \ddots & \vdots \\ -A_{G1} & -A_{G2} & \cdots & I-A_{GG} \end{bmatrix}^{-1} \begin{bmatrix} \sum_r^G Y_{1r} \\ \sum_r^G Y_{2r} \\ \vdots \\ \sum_r^G Y_{1G} \end{bmatrix}$$

$$= \begin{bmatrix} B_{11} & B_{12} & \cdots & B_{1G} \\ B_{21} & B_{22} & \cdots & B_{2G} \\ \vdots & \vdots & \ddots & \vdots \\ B_{G1} & B_{G2} & \cdots & B_{GG} \end{bmatrix} \begin{bmatrix} \sum_r^G Y_{1r} \\ \sum_r^G Y_{2r} \\ \vdots \\ \sum_r^G Y_{1G} \end{bmatrix} \tag{5.4}$$

其中，B_{Gr}表示全球投入产出设定下列昂惕夫逆矩阵的 $N \times N$ 阶分块矩阵。它表明需要多少 s 国某种商品的总产出来生产 r 国的一个单位的最终产品。s 国生产的每单位总产出中的直接增加值份额，等于 1 减去所有国内和国外供应商的直接中间投入份额之和：

$$V_s = u_N\left(I - \sum_{r}^{G} A_{rs}\right) \tag{5.5}$$

其中，u_N是 $1 \times N$ 的单位行向量。因此，所有国家的 $G \times GN$ 国内直接增加值矩阵可以定义为：

$$V = \begin{bmatrix} V_1 & 0 & \cdots & 0 \\ 0 & V_2 & \cdots & 0 \\ \vdots & \vdots & \ddots & \vdots \\ 0 & 0 & \cdots & V_G \end{bmatrix} \tag{5.6}$$

而整个 $G \times GN$ 增加值份额矩阵是由矩阵 V 乘以下列昂惕夫逆矩阵 B 得到的：

$$VB = \begin{bmatrix} V_1B_{11} & V_1B_{12} & \cdots & V_1B_{1G} \\ V_2B_{21} & V_2B_{22} & \cdots & V_2B_{2G} \\ \vdots & \vdots & \ddots & \vdots \\ V_GB_{G1} & V_GB_{G2} & \cdots & V_GB_{GG} \end{bmatrix} \tag{5.7}$$

由于不同国家在最终产品中的增加值份额之和必须为 1，因此以下属性成立：

$$\sum_{r}^{G} V_tB_{tr} = u_N \tag{5.8}$$

$GN \times G$ 最终需求矩阵定义如下：

$$Y = \begin{bmatrix} Y_{11} & Y_{12} & \cdots & Y_{1G} \\ Y_{21} & Y_{22} & \cdots & Y_{2G} \\ \vdots & \vdots & \ddots & \vdots \\ Y_{G1} & Y_{G2} & \cdots & Y_{GG} \end{bmatrix} \tag{5.9}$$

我们可以通过成对的来源国－吸收国得出 $G \times G$ 的增加值矩阵：

$$\overline{VA} \equiv VBY$$

$$= \begin{bmatrix} V_1 \sum_r^G B_{1r} Y_{r1} & V_1 \sum_r^G B_{1r} Y_{r2} & \cdots & V_1 \sum_r^G B_{1r} Y_{rG} \\ V_2 \sum_r^G B_{2r} Y_{r2} & V_2 \sum_r^G B_{2r} Y_{r2} & \cdots & V_2 \sum_r^G B_{2r} Y_{rG} \\ \vdots & \vdots & \ddots & \vdots \\ V_G \sum_r^G B_{Gr} Y_{rG} & V_G \sum_r^G B_{Gr} Y_{rG} & \cdots & V_G \sum_r^G B_{Gr} Y_{rG} \end{bmatrix} \tag{5.10}$$

综上所述，则可设 E_{sr} 是 s 国对 r 国出口的 $N \times 1$ 向量，X_s 是 s 国生产的总产出的 $N \times 1$ 向量，A 是投入系数的 $GN \times GN$ 全球矩阵，B 是整个国家间模型的列昂惕夫逆矩阵，V_s 是 $1 \times N$ 向量，包含了 s 国生产的每单位总产出所包含的增加值份额。

Hummels et al.（2001）[①] 建议将出口总额分为两部分，国内

① Hummels D, Ishii J, Yi K M. The nature and growth of vertical specialization in world trade [J]. Journal of international Economics, 2001, 54 (1): 75－96.

生产部分和嵌入出口的进口投入部分，其中后者考虑了国内市场中的直接和间接生产联系。Hummels et al.（2001）将进口成分在出口中的份额定义为“垂直专业化指数”（VS），在投入－产出框架下，VS_{sr}可以被表述如下：

$$VS_{sr} = u_N \sum_{t \neq s}^{G} A_{ts}(I - A_{ss})^{-1} E_{sr} / u_N E_{sr} \tag{5.11}$$

其中，$(I-A_{ss})^{-1}$代表国内列昂惕夫逆矩阵。

虽然VS指标在实证中被广泛应用，但是也有设计上的缺陷。特别是出口中的进口投入被视为单一的类别，没有区分源自国外的部分和最初由s国生产然后再进口的部分。因此，通过利用国家间投入－产出表，出口总额可以根据最初生产每个部件的国家进行进一步细分。Koopman et al.（2010）[①] 使用全球列昂惕夫逆矩阵来追溯s国一个单位出口（B_{js}）所需要的国家j生产的总产出，以及相关的增加值份额（V_j）。源自s国的部分被称为“出口的国外部分”（DC_{sr}），而其余部分被称为“出口的国外部分”（FC_{sr}，Koopman et al.，2014）：

$$u_N E_{sr} = V_s B_{ss} E_{sr} + \sum_{t \neq s}^{G} V_s B_{ts} E_{sr} \tag{5.12}$$

其中，$V_s B_{ss} E_{sr}$为出口的国内部分，$\sum_{t \neq s}^{G} V_s B_{ts} E_{sr}$则为出口的国外部分。

与按原产国分解出口总额的方式类似，总出口也可以根据最

① Koopman R, Powers W, Wang Z, et al. Give credit where credit is due: Tracing value added in global production chains [R]. National Bureau of Economic Research, 2010.

终需求的吸收国进行分类。E_{sr}可以被分为最终产品（Y_{sr}）和产量的中间投入 的总产出（X_r）：

$$E_{sr} = Y_{sr} + A_{sr} X_{sr} \tag{5.13}$$

其中，Y_{sr}表示在 s 国完成并在 r 国消费的最终产品的 $N \times 1$ 向量。r 国进口的中间投入（X_{sr}）可以与最终完成的国家和最终需求的市场联系起来。根据基本的投入－产出核算所有剩余的（可能是无限的）生产阶段都可以由列昂惕夫逆矩阵 B 来说明：

$$E_{sr} = Y_{sr} + A_{sr} \sum_{k}^{G} \sum_{l}^{G} B_{rk} Y_{kl} \tag{5.14}$$

k 和 l 可能是出口国 s 本身，而通用的Y_{ij}表示 在 i 国完成并最终在 j 国销售的最终产品。

公式（5.12）和公式（5.14）为传统的贸易总额统计增加了相关信息（即出口的原产地和最终目的地）。然而，这仍然是“总会计”（Gross Accounting），因为这些项目包括在生产过程中多次跨越国家边界的产品。只有剔除这些重复计算的产品，才能衡量出口中包含的“净”生产（增加值），类似于国家的 GDP。

Johnson and Noguera（2012）① 提出了一种衡量一国 GDP 中被国外吸收的份额的方法。在全球投入产出框架中，s 国生产并被国外吸收的“净”增加值（所谓的“增加值出口”，VAX_s）可以计算如下：

---

① Johnson R C, Noguera G. Accounting for intermediates: Production sharing and trade in value added [J]. Journal of international Economics, 2012, 86 (2): 224－236.

$$VAX_s = V_s \sum_{k}^{G} \sum_{l \neq s}^{G} B_{sk} Y_{kl} \tag{5.15}$$

根据 Koopman et al. （2014）[①] 和 Borin and Mancini（2019），一是这种衡量方法可以与 GDP 等增加值统计相媲美，而且有助于将“净”生产与最终吸收的具体市场联系起来。二是VAX_s只是国家出口中所蕴含的 GDP 的一部分，因为它没有考虑后来在国内重新进口和吸收的部分。三是这种方法不允许识别贸易联系：通过这种联系，国家 s 生产的价值到达最终目的地国家 l 的市场。后者在许多情况下都是相关的，包括对国际供应网络的分析和贸易政策的评估。这一核算框架允许单独列出国家 s 出口总额中包含的全部国内和国外增加值，以及最初在国内和国外生产的重复计算的部分。Koopman et al. （2014） 强调，一些贸易流动是纯粹的重复计算，比如中间投入在不同的生产阶段多次跨越一个国家的边界。

图 5 -1 为 Koopman et al. （2014） 对出口总额分解的图示。VAX_s是蕴含在总出口中的国内增加值的一个部分，其余部分是最终被出口国本身吸收的增加值（在 Koopman et al. （2014） 中，这个部分被称之为“折返值”（Reflection））。综上所述，一国的总贸易（Gross Export）可以被分解成国内和国外两部分，且国内和国外部分均可以产生增加值：

---

① Koopman R, Wang Z, Wei S J. Tracing value - added and double counting in gross exports ［J］. American Economic Review, 2014, 104 （2）：459 -94.

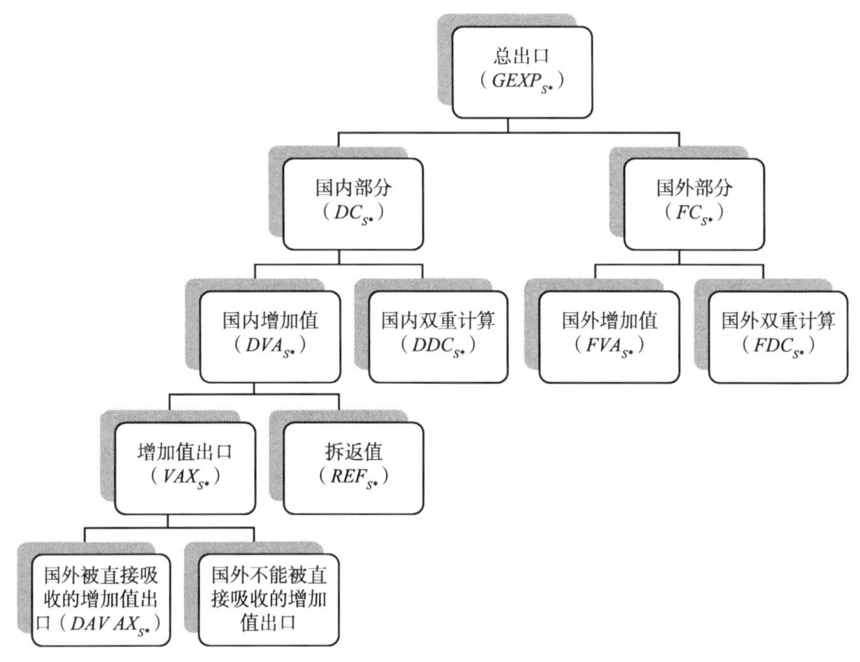

图 5－1　总贸易分解图解

注：据 Koopman et al.（2014）和 Borin and Mancini（2019）整理而成①。

Borin and Mancini（2019）则根据 Koopman et al.（2014）的研究，进一步在总量、双边和部门层面分解出口（和进口）增加值，并计算出贸易总量中的全球价值链贸易（GVC－related Trade）。这也是本章将使用的增加值贸易和全球价值链贸易核算方法：

继续以两国双边贸易为例，s 国对 r 国的“传统”出口可以表示为 s 国的生产被 r 国直接吸收，而没有任何进一步的再出口。这一部分，即“出口中的直接吸收增加值”（Directly Absorbed Valued－Added in Exports，DAVAX）的计算方式如下：

① 具体分解公式亦参见 Borin and Mancini（2019）。

$$DAVAX_{sr} = V_s(I - A_{ss})^{-1}Y_{sr} + V_s(I - A_{ss})^{-1}A_{sr}(I - A_{rr})^{-1}Y_{rr} \quad (5.16)$$

那么，与全球价值链相关的出口也就是 s 国对 r 国的总出口与 r 国直接吸收的全部国内增加值（$DAVAX_{sr}$）的差值：

$$GVCX_{sr} = u_N E_{sr} - DAVAX_{sr} \quad (5.17)$$

则全球价值链相关出口在 s 国对 r 国总出口中的比重为：

$$GVC_{sr} = \frac{GVCX_{sr}}{u_N E_{sr}} \quad (5.18)$$

基于公式（5.18），s 国对全球总出口中的全球价值链相关出口的比重亦可得出：

$$GVC_{sr} = \frac{\sum_{r \neq s}^{G} GVCX_{sr}}{u_N E_{s*}} \quad (5.19)$$

全球总出口中的全球价值链相关出口的比重则是：

$$GVC_{world} = \frac{\sum_{s}^{G}\sum_{r \neq s}^{G} GVCX_{sr}}{\sum_{s}^{G}(u_N E_{s*})} \quad (5.20)$$

全球价值链相关出口可以进一步细分为“前向”和“后向”两部分。后向源自 Hummels et al.（2001）提出的垂直专业化指数（Vertical Specification Index，VS Index），而前向部分，则是出口国 s 供应给进口国 r 用以再出口的 s 国内生产部分：

$$GVC_{sr} = GVCbackward_{sr} + GVCforward_{sr} \quad (5.21)$$

则

$$GVCbackward_{sr} = \frac{V_s(I - A_{ss})^{-1}\sum_{j \neq s}^{G} A_{sj}B_{js}E_{sr} + \sum_{t \neq s}^{G} V_t B_{ts} E_{sr}}{u_N E_{sr}} \tag{5.22}$$

且

$$GVCforward_{sr} = \frac{V_s(I - A_{ss})^{-1}A_{sr}(I - A_{rr})^{-1}(\sum_{j \neq r}^{G} Y_{rj} + \sum_{j \neq r}^{G} A_{rj}\sum_{k}^{G}\sum_{C \neq S}^{G} B_{jk}Y_{kl}}{u_N E_{sr}} \tag{5.23}$$

在实证层面，全球价值链和增加值贸易的研究大多依赖世界多区域投入－产出表数据。本章使用的投入－产出数据库 ADB－MRIO 涵盖 63 个国家和地区及 35 个部门，开发者为亚洲开发银行。相较于 WIOD、TIVA、EORA 等其他常用的投入－产出表，ADB－MIRO 涵盖的拉美国家虽然只有巴西和墨西哥两国，但其最大的优势在于数据更新到 2018 年，是唯一可以直接比较贸易震荡这一事件发生前后的增加值贸易情况和全球价值链变化程度的投入－产出表①。

表 5－1 是 ADB－MRIO 的行业分类和行业名称。这 35 个部门中，既包括货物贸易部门（s1－s16），也包括服务贸易部门（s17－s35）②，在中巴双边贸易的案例分析中，农林牧渔业（s1）、

① 关于 ADB－MRIO 数据库的更多信息，请参阅 http：//mrio. adbx. online/。

② s17（电力、天然气和水供应）和 s18（建筑业）在亚洲开发银行发展经济学和指数部门（ERDI）13 部门的划分中被各自单列，5 部门的划分中则被列为低技术制造，综合参考其他投入查出表和 ISIC Rev. 3. 1 和 ISIC Rev. 4 的部门划分，本书中将此两部门划入服务贸易部门。

采矿和采石业（s2）和食品、饮料和烟草（s3）将作为重点分析的部门。而分析美墨双边贸易时，将重点关注基本金属和金属制品（s12）、电气和光学设备（s14）和运输设备（s15）部门。

表 5－1　　亚洲开发银行 MRIO 投入产出表部门名称

部门编码	部门名称
s1	农林牧渔业
s2	采矿和采石业
s3	食品、饮料和烟草
s4	纺织和纺织产品
s5	皮革、皮革制品和鞋类
s6	木材和木材及软木制品
s7	纸浆、纸张、纸制品、印刷和出版业
s8	焦炭、精炼石油和核燃料
s9	化学品和化工产品
s10	橡胶和塑料
s11	其他非金属矿物
s12	基本金属和金属制品
s13	非金属机械
s14	电气和光学设备
s15	运输设备
s16	其他制造业，回收
s17	电力、天然气和水供应
s18	建筑业
s19	机动车和摩托车的销售、保养和维修，燃料的零售
s20	批发贸易和佣金贸易，不包括机动车和摩托车
s21	零售业，不包括机动车和摩托车，家庭用品的修理
s22	酒店和餐馆
s23	内陆运输
s24	水路运输

续表

部门编码	部门名称
s25	航空运输
s26	其他支持性和辅助性运输活动，旅行社的活动
s27	邮政和电信
s28	金融中介
s29	房地产活动
s30	租用机电设备及其他商业活动
s31	公共管理和国防、强制性社会保障
s32	教育
s33	卫生和社会工作
s34	其他社区、社会和个人服务
s35	有雇工的私人住户

数据来源：http：//mrio. adbx. online/.

第二节　中美双边贸易：增加值贸易和全球价值链视角

表 5－2 和表 5－3 分别汇总了中国对美国以及美国对中国的总出口情况。与前文章节中主要使用的、仅考虑货物贸易数据的 WITS 数据库相比，MRIO 数据库还包含了双边服务贸易数据，故不同贸易数据库下，双边贸易金额存在差异。在 MRIO 数据库的统计口径下，2017 年和 2018 年，中美双边贸易出口额都出现了增长，其中，中国对美出口总额增长 12.40%，美国对华总出口

则增长了12.61%。而在全球价值链相关贸易中，中国和美国对彼此出口的增长幅度更大，分别增长了14.78%和13.99%。

表5-2　　　　中国对美国出口概况

	贸易额		占比（%）		变化程度（%）
	2017年	2018年	2017年	2018年	
总出口（GEXP）	362.09	407.00	100.00	100.00	12.40
国内部分（DC）	308.00	344.80	85.06	84.72	11.95
国内增加值（DVA）	305.01	341.08	84.23	83.80	11.83
在国外被吸收的国内增加值（VAX）	303.45	339.20	83.80	83.34	11.78
在国外被直接吸收的国内增加值（DAVAX）	287.05	320.87	79.28	78.84	11.78
折返值（REF）	1.56	1.88	0.43	0.46	20.63
国内双重计算（DDC）	3.00	3.72	0.83	0.91	23.99
国外部分（FC）	54.09	62.20	14.94	15.28	15.00
国外增加值（FVA）	53.53	61.49	14.78	15.11	14.87
国外双重计算（FDC）	0.56	0.71	0.15	0.17	27.13
全球价值链相关贸易（GVC）	75.04	86.13	20.72	21.16	14.78
后向GVC（GVCB）	57.09	65.92	15.77	16.20	15.47
前向GVC（GVCF）	17.95	20.21	4.96	4.97	12.57

数据来源：ADB-MRIO。单位为十亿美元。

表5-3　　　　美国对中国出口概况

	贸易额		占比（%）		变化程度（%）
	2017年	2018年	2017年	2018年	
总出口（GEXP）	105.71	119.04	100.00	100.00	12.61
国内部分（DC）	92.54	104.12	87.54	87.46	12.51
国内增加值（DVA）	91.60	103.00	86.65	86.52	12.44
在国外被吸收的国内增加值（VAX）	89.26	100.32	84.43	84.28	12.40

续表

	贸易额		占比（%）		变化程度（%）
	2017 年	2018 年	2017 年	2018 年	
在国外被直接吸收的国内增加值（DAVAX）	79.40	89.05	75.11	74.80	12.15
折返值（REF）	2.34	2.67	2.22	2.24	14.08
国内双重计算（DDC）	0.95	1.12	0.89	0.94	18.47
国外部分（FC）	13.17	14.92	12.46	12.54	13.33
国外增加值（FVA）	13.03	14.76	12.32	12.40	13.29
国外双重计算（FDC）	0.14	0.16	0.13	0.14	17.76
全球价值链相关贸易（GVC）	26.31	29.99	24.89	25.20	13.99
后向 GVC（GVCB）	14.11	16.04	13.35	13.48	13.68
前向 GVC（GVCF）	12.20	13.95	11.54	11.72	14.35

数据来源：ADB－MRIO。单位为十亿美元。

表 5－4 和表 5－5 进一步讨论了不同行业部门下的出口变化。在中国对美出口中，货物贸易（s1－s16）占压倒性地位，2017 年和 2018 年的比重均在总出口的 96% 以上。其中，电气和光学设备（s14）是中国最主要的出口部门，2017 年，对美出口金额为 1444.38 亿美元，占对美 2017 年总出口的 39.89%。如前文所叙，在美国清单中，机械电子产品是中美双方清单上涉及产品种类最多、金额最大的部门——2017 年，美国自中国进口的“清单”涉及机械电子产品达到 1408 亿美元，占其关税清单涉及产品总额的 52.56%。而 2018 年，中国对美国出口的电气和光学设备的金额增长至 1621.89 美元，增幅为 12.29%。事实上，在 16 个货物贸易部门中，中国对美国出口出现了普遍增长，除了农林牧渔（s1）、采矿和采石业（s2）之外，同比出口增幅普遍在 10% 以上。

表 5－4　　中国对美国分部门出口概况：2017 年

	s1	s2	s3	s4	s5	s6	s7	s8	s9	s10	s11	s12	s13	s14	s15	s16	s1－16
总出口（GEXP）	0.46	1.10	5.64	36.50	21.64	2.86	3.25	1.61	18.93	9.95	6.21	21.37	30.65	144.44	18.25	26.29	349.16
国内部分（DC）	0.44	1.00	5.28	33.58	19.60	2.57	2.87	1.27	16.29	8.61	5.44	17.78	26.32	115.77	15.85	23.94	296.62
国内增加值（DVA）	0.44	1.00	5.27	33.48	19.52	2.56	2.86	1.26	16.20	8.56	5.42	17.65	26.10	113.76	15.74	23.85	293.67
在国外被吸收的国内增加值（VAX）	0.44	0.99	5.27	33.47	19.50	2.54	2.84	1.25	16.00	8.50	5.39	17.49	25.92	113.20	15.54	23.83	292.17
在国外被直接吸收的国内增加值（DAVAX）	0.41	0.94	5.20	33.29	19.28	2.38	2.57	1.12	13.68	7.87	5.06	15.76	24.15	107.44	13.71	23.66	276.51
折返值（REF）	0.00	0.00	0.01	0.01	0.02	0.01	0.02	0.01	0.20	0.06	0.03	0.16	0.18	0.55	0.21	0.02	1.50
国内双重计算（DDC）	0.00	0.00	0.01	0.10	0.08	0.01	0.01	0.01	0.09	0.05	0.03	0.12	0.21	2.01	0.11	0.09	2.94
国外部分（FC）	0.02	0.10	0.35	2.91	2.05	0.29	0.38	0.34	2.64	1.34	0.77	3.60	4.33	28.67	2.40	2.35	52.54
国外增加值（FVA）	0.02	0.10	0.35	2.90	2.03	0.29	0.38	0.34	2.62	1.33	0.76	3.58	4.29	28.27	2.38	2.34	52.00
国外双重计算（FDC）	0.00	0.00	0.00	0.02	0.01	0.00	0.00	0.00	0.01	0.01	0.00	0.02	0.04	0.40	0.02	0.01	0.55
全球价值链相关贸易（GVC）	0.05	0.16	0.44	3.21	2.36	0.48	0.68	0.49	5.24	2.08	1.15	5.61	6.50	37.00	4.54	2.63	72.65
后向 GVC（GVCB）	0.02	0.11	0.36	3.02	2.12	0.30	0.40	0.35	2.73	1.39	0.79	3.72	4.55	30.68	2.51	2.44	55.49
前向 GVC（GVCF）	0.03	0.05	0.08	0.19	0.24	0.18	0.28	0.14	2.52	0.69	0.36	1.89	1.96	6.32	2.03	0.19	17.16

数据来源：ADB－MRIO。单位为十亿美元。

表 5 - 5　　中国对美国分部门出口概况：2018 年

	s1	s2	s3	s4	s5	s6	s7	s8	s9	s10	s11	s12	s13	s14	s15	s16	s1 - 16
总出口（GEXP）	0.49	1.20	6.28	41.35	24.08	3.25	3.68	1.79	21.06	11.26	7.08	23.77	34.24	162.19	20.75	29.70	392.17
国内部分（DC）	0.47	1.08	5.88	37.97	21.74	2.91	3.23	1.40	18.05	9.70	6.18	19.67	29.29	129.27	17.96	26.97	331.78
国内增加值（DVA）	0.47	1.08	5.87	37.84	21.64	2.90	3.22	1.39	17.94	9.64	6.15	19.52	29.02	126.79	17.82	26.86	328.14
在国外被吸收的国内增加值（VAX）	0.46	1.08	5.86	37.82	21.62	2.88	3.19	1.38	17.70	9.57	6.11	19.32	28.80	126.12	17.57	26.84	326.33
在国外被直接吸收的国内增加值（DAVAX）	0.43	1.02	5.78	37.62	21.38	2.69	2.89	1.24	15.14	8.86	5.74	17.42	26.82	119.67	15.51	26.64	308.84
折返值（REF）	0.00	0.01	0.01	0.02	0.02	0.02	0.02	0.02	0.24	0.07	0.04	0.20	0.22	0.67	0.25	0.02	1.81
国内双重计算（DDC）	0.00	0.00	0.01	0.13	0.10	0.01	0.02	0.01	0.11	0.06	0.03	0.15	0.27	2.48	0.14	0.11	3.65
国外部分（FC）	0.02	0.11	0.40	3.39	2.33	0.34	0.44	0.39	3.01	1.55	0.90	4.10	4.95	32.92	2.80	2.72	60.39
国外增加值（FVA）	0.02	0.11	0.40	3.37	2.32	0.34	0.44	0.38	2.99	1.54	0.89	4.08	4.90	32.42	2.77	2.71	59.69
国外双重计算（FDC）	0.00	0.00	0.00	0.02	0.01	0.00	0.00	0.00	0.02	0.01	0.01	0.02	0.05	0.50	0.03	0.02	0.70
全球价值链相关贸易（GVC）	0.06	0.18	0.50	3.74	2.70	0.56	0.78	0.55	5.92	2.40	1.34	6.36	7.42	42.52	5.24	3.05	83.33
后向 GVC（GVCB）	0.02	0.12	0.41	3.52	2.43	0.35	0.46	0.40	3.12	1.62	0.93	4.26	5.22	35.40	2.93	2.84	64.03
前向 GVC（GVCF）	0.03	0.06	0.09	0.22	0.27	0.21	0.32	0.15	2.80	0.78	0.41	2.10	2.20	7.12	2.31	0.22	19.29

数据来源：ADB - MRIO。单位为十亿美元。

表 5－6 和表 5－7 则分别汇报了 2017 年和 2018 年美国对中国分部门货物贸易出口情况。不同于以货物贸易为绝对主导的中国对美出口模式，货物出口在美国对华总出口的比重均维持在 75%左右。这也意味着在中美贸易结构中，虽然中国对美货物贸易呈顺差，但在中美服务贸易中，中国常年处于逆差地位。与中国一样，美国对华出口在 2018 年也保持了增长趋势。2018 年，美国对中国货物贸易出口同比增长 12.46%，除采矿和采石业（s2），以及焦炭、精炼石油和核燃料（s8）的增长幅度较为突出外（分别为 45.67%和 39.01%），其他各部门的增幅普遍在 9%～13%之间波动。

此外，值得一提的是，对比中美双边出口结构，虽然中国和美国增加值出口在各自总出口的比重相差不大，但中国对美出口中，后向全球价值链参与程度远远大于前向，而美国则是两者规模相近。根据世界银行（2020）的定义，全球价值链全出口包括前向和后向两种参与方式，前向全球价值链参与表现为一个国家的出口没有被进口国完全吸收，而是体现在进口国对第三国的出口中。后向全球价值链参与则表现为一国的出口体现了其之前从国外进口的增加值的贸易（图 5－2）。两国前后向参与程度的差异表明，中国对美出口中，以制成品为主，其中也不乏中高级制成品；而美对华出口中则既包含（高级）制成品，也包含了大量被中国进口后，用于再次出口至世界其他国家的原材料、中间产品和服务。

表 5－6　　美国对中国分部门出口概况：2017 年

	s1	s2	s3	s4	s5	s6	s7	s8	s9	s10	s11	s12	s13	s14	s15	s16	s1－16
总出口（GEXP）	8.48	1.37	5.41	0.42	0.05	0.79	1.97	1.18	10.09	1.20	0.62	2.25	9.16	10.44	22.20	2.97	78.59
国内部分（DC）	7.70	1.27	4.88	0.36	0.04	0.67	1.83	0.92	8.76	1.00	0.55	1.89	7.80	9.40	17.62	2.62	67.32
国内增加值（DVA）	7.66	1.26	4.85	0.36	0.04	0.67	1.82	0.91	8.67	0.99	0.54	1.87	7.71	9.33	17.21	2.60	66.49
在国外被吸收的国内增加值（VAX）	7.41	1.21	4.78	0.34	0.04	0.64	1.74	0.87	8.31	0.95	0.53	1.80	7.57	8.99	17.17	2.56	64.91
在国外被直接吸收的国内增加值（DAVAX）	6.39	0.98	4.49	0.27	0.03	0.54	1.40	0.72	6.80	0.82	0.48	1.50	6.98	7.66	16.94	2.39	58.40
折返值（REF）	0.24	0.05	0.07	0.02	0.00	0.03	0.08	0.03	0.37	0.03	0.01	0.07	0.14	0.34	0.05	0.04	1.58
国内双重计算（DDC）	0.04	0.01	0.03	0.00	0.00	0.01	0.01	0.01	0.09	0.01	0.00	0.02	0.10	0.07	0.41	0.02	0.83
国外部分（FC）	0.78	0.10	0.53	0.06	0.01	0.11	0.14	0.26	1.33	0.20	0.08	0.36	1.36	1.04	4.58	0.34	11.27
国外增加值（FVA）	0.78	0.09	0.52	0.06	0.01	0.11	0.14	0.26	1.32	0.20	0.07	0.35	1.35	1.03	4.51	0.34	11.14
国外双重计算（FDC）	0.01	0.00	0.00	0.00	0.00	0.00	0.00	0.00	0.01	0.00	0.00	0.00	0.01	0.01	0.07	0.00	0.13
全球价值链相关贸易（GVC）	2.09	0.39	0.92	0.15	0.02	0.25	0.57	0.45	3.29	0.38	0.14	0.75	2.18	2.78	5.26	0.58	20.19
后向 GVC（GVCB）	0.82	0.10	0.55	0.06	0.01	0.12	0.15	0.27	1.41	0.21	0.08	0.38	1.46	1.11	4.99	0.36	12.10
前向 GVC（GVCF）	1.27	0.29	0.36	0.09	0.01	0.13	0.42	0.18	1.87	0.17	0.06	0.37	0.72	1.66	0.27	0.21	8.08

数据来源：ADB－MRIO。单位为十亿美元。

表 5 – 7　　美国对中国分部门出口概况：2018 年

	s1	s2	s3	s4	s5	s6	s7	s8	s9	s10	s11	s12	s13	s14	s15	s16	s1 – 16
总出口（GEXP）	9.11	1.99	5.92	0.48	0.06	0.89	2.30	1.63	11.45	1.32	0.70	2.69	10.36	11.84	24.38	3.24	88.38
国内部分（DC）	8.23	1.86	5.33	0.41	0.04	0.76	2.13	1.33	9.93	1.10	0.62	2.27	8.83	10.65	19.25	2.86	75.60
国内增加值（DVA）	8.18	1.85	5.29	0.41	0.04	0.75	2.12	1.31	9.83	1.09	0.61	2.24	8.72	10.57	18.77	2.83	74.62
在国外被吸收的国内增加值（VAX）	7.92	1.78	5.22	0.38	0.04	0.72	2.03	1.26	9.41	1.05	0.60	2.16	8.56	10.17	18.72	2.79	72.80
在国外被直接吸收的国内增加值（DAVAX）	6.81	1.43	4.90	0.30	0.04	0.61	1.62	1.05	7.69	0.89	0.54	1.80	7.88	8.65	18.47	2.59	65.29
折返值（REF）	0.26	0.07	0.08	0.03	0.00	0.03	0.09	0.05	0.42	0.04	0.01	0.09	0.16	0.39	0.05	0.05	1.81
国内双重计算（DDC）	0.05	0.01	0.03	0.00	0.00	0.01	0.01	0.02	0.10	0.02	0.01	0.03	0.11	0.09	0.48	0.03	0.99
国外部分（FC）	0.88	0.13	0.59	0.07	0.01	0.13	0.17	0.31	1.52	0.22	0.09	0.42	1.53	1.19	5.13	0.38	12.78
国外增加值（FVA）	0.88	0.13	0.59	0.07	0.01	0.13	0.17	0.30	1.50	0.22	0.09	0.42	1.52	1.18	5.05	0.38	12.63
国外双重计算（FDC）	0.01	0.00	0.00	0.00	0.00	0.00	0.00	0.00	0.01	0.00	0.00	0.00	0.02	0.01	0.08	0.00	0.15
全球价值链相关贸易（GVC）	2.30	0.56	1.02	0.18	0.02	0.28	0.68	0.58	3.76	0.43	0.16	0.89	2.48	3.19	5.91	0.65	23.09
后向 GVC（GVCB）	0.93	0.14	0.63	0.07	0.01	0.14	0.18	0.32	1.62	0.24	0.09	0.45	1.65	1.28	5.61	0.41	13.76
前向 GVC（GVCF）	1.37	0.42	0.40	0.10	0.01	0.14	0.49	0.26	2.14	0.19	0.07	0.44	0.83	1.92	0.30	0.24	9.32

数据来源：ADB – MRIO。单位为十亿美元。

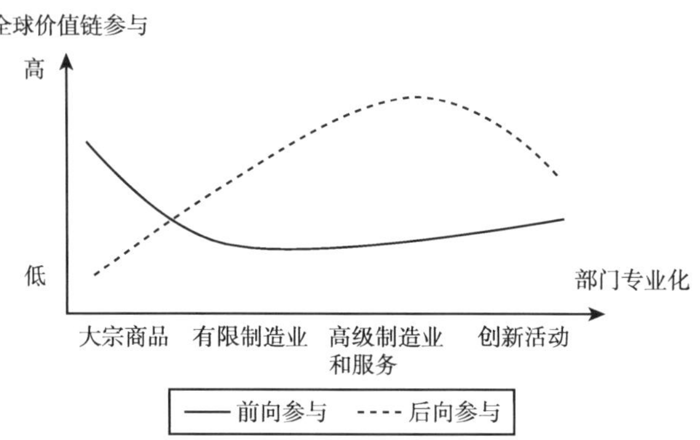

图5－2　各分类部门的平均前向和后向全球价值链参与度

注：根据世界银行（2020）绘制。

第三节　中国与巴西

一、中巴贸易概况

近20年来，中国和巴西的双边货物贸易规模增长迅速。参见图5－3，双边贸易总额从21世纪初的32.31亿美元提升至2019年的986.28亿美元，增长了近30倍。自2009年金融危机后，巴西对中国的出口超过美国，中国也成为巴西第一大出口目的地，而在2012年，巴西自中国的进口也首次超过美国。目前中国已是巴西的第一大贸易伙伴。2019年，中国在巴西总进、出口的比重分别达到 20.71% 和 28.11%。巴西对中国长期处于贸易顺差地位，2018 年和 2019 年的贸易顺差金额分别为 294.76 亿美元和 280.87 亿美元。

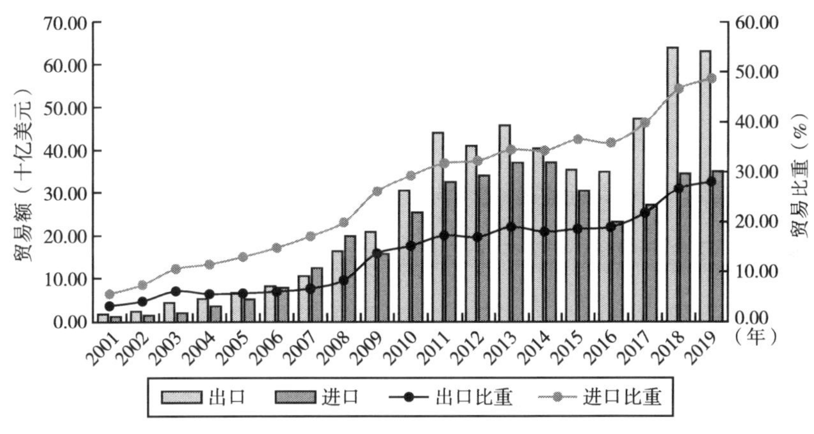

图 5－3　中巴货物贸易概况：2001—2019 年

数据来源：WIT 数据库。报告方为巴西。

巴西对中国的出口产品高度集中，大豆、铁矿石和牛肉是最主要的出口产品，而制成品则为巴西自中国进口的主要产品。目前，巴西大豆是美国大豆的主要替代品，这也是近年来巴西对华顺差扩大的主要原因。

长期以来，美国和巴西都是中国最主要的大豆进口来源国，但是在《301 调查报告》公布后，随着全球贸易格局态势逐步明朗，美国大豆也名列中方的加征关税清单目录中，中国自美进口的大豆在 2018 年后大幅减少，而巴西和同处拉美的阿根廷则填补了美国的空白，均向中国扩大了大豆出口。

图 5－3 和图 5－4 为 2017—2020 年分季度的中国进口大豆

（HS 四位编码：1201）金额和数量的概况。由于美国和巴西（以及阿根廷）分处南北半球，中国从上述国家进口大豆具备周期性特征，且正好形成季节性互补格局。具体而言，中国进口美国大豆的高峰期在每年的第四季度（北半球的秋冬季），进口南美大豆的高峰期则在每年的第二季度（南半球的秋冬季），这是由农作物的生长周期决定的。2017 年，中国自美洲进口大豆的规律大致维持原有规模，但进入 2018 年之后，中国自美国进口大豆大幅减少。与之形成鲜明对比的是，中国自南美——尤其是巴西——进口大豆大幅增加。但值得一提的是，巴西对中国扩大大豆出口是因为自身具备扩大出口的产能，但是阿根廷的对华大豆出口中，有一部分来自其对美国的进口：根据 WITS 数据库，2018 年以前，阿根廷自美国进口的大豆普遍不高于 200 万美元，但是 2018—2020 年，阿根廷分别自美国进口了 5.55 亿美元、2.65 亿美元和 0.004 亿美元的大豆，这其中的绝大部分都用于转出口至中国。随着中美第一阶段经贸协议于 2020 年 1 月 15 日签署，美国对中国的农产品出口逐步恢复，这也反映在了图 5－4 中：2020 年第三季度起，中国自美国进口大豆创 2018 年以来的新高，接近 2017 年第四季度的进口水平。但结合图 5－4 和图 5－5，一个更清晰的趋势是，中国自巴西进口大豆在遵守原有季节性规律的同时，规模持续扩大，且 2017—2020 年四年间的峰值出现在 2018 年。换言之，在美国关税清单正式生效前，对于那些可以被全面取代的涉清单产品，中国已经在寻找美国产品的全面替代国，在大豆这一重点农产品上，以巴西为代表的南美国家，正是美国重要的可替代国。

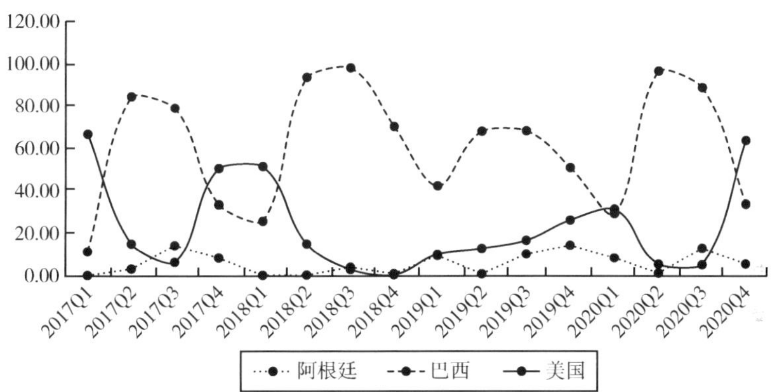

图 5－4　中国大豆进口金额：2017Q1—2020Q4

数据来源：中国海关。报告方为中国。单位为十亿美元。

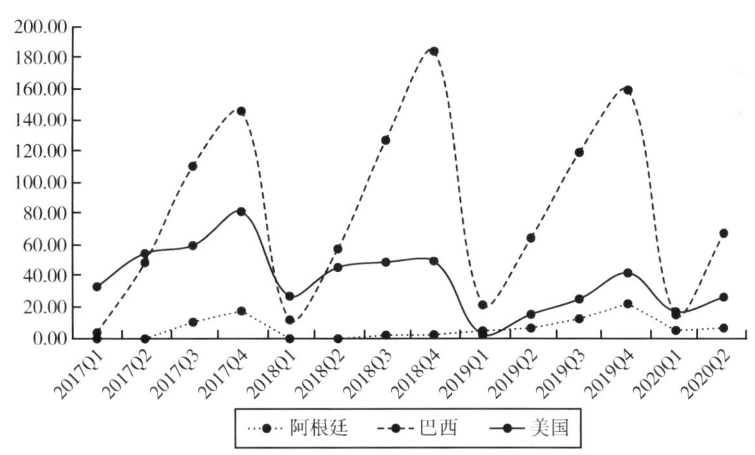

图 5－5　中国进口大豆数量：2017Q1—2020Q2

数据来源：WINDS。报告方为中国。单位为百万吨。

二、巴西对中国出口：增加值贸易和全球价值链视角

从增加值贸易和全球价值链角度来看（参见表5－8），2018年，巴西对中国出口总额为489.9亿美元，较2017年增长28.39%。其中，全球价值链相关贸易在总出口中的比重由104.4亿美元增长至147.9亿美元，增幅达到41.77%。由于原材料和初级产品在巴西对华出口中占据极高的比重，前向全球价值链贸易比重高于后向价值链贸易。

表5－8　　巴西对中国出口概况

	金额		占比（%）		增幅（%）
	2017年	2018年	2017年	2018年	
总出口（GEXP）	38.16	48.99	100.00	100.00	28.39
国内部分（DC）	34.04	42.45	89.21	86.65	24.71
国内增加值（DVA）	34.02	42.42	89.17	86.60	24.69
在国外被吸收的国内增加值（VAX）	33.94	42.32	88.96	86.38	24.67
在国外被直接吸收的国内增加值（DAVAX）	27.72	34.20	72.65	69.81	23.38
折返值（REF）	0.08	0.11	0.21	0.22	34.80
国内双重计算（DDC）	0.02	0.03	0.04	0.05	62.19
国外部分（FC）	4.12	6.54	10.79	13.35	58.78
国外增加值（FVA）	4.12	6.53	10.79	13.34	58.76
国外双重计算（FDC）	0.00	0.01	0.01	0.01	95.17
全球价值链相关贸易（GVC）	10.44	14.79	27.35	30.20	41.77
后向GVC（GVCB）	4.13	6.56	10.83	13.40	58.79
前向GVC（GVCF）	6.30	8.23	16.51	16.80	30.60

数据来源：ADB－MRIO。单位为十亿美元。

接下来，表 5－9 汇报了巴西对华出口重点部门的贸易情况。农林牧渔业（s1），采矿和采石业（s2）和食品、饮料和烟草（s3）这三个部门占据了巴西对华总出口 70% 以上的比重。在 2017 年至 2018 年间，对华出口增长幅度最大的，并非中美焦点产品之一——大豆（HS 编码：120190）——所在的农林牧渔业部门，而是采矿和采石业部门，出口额由 2017 年的 107.3 亿美元，增长至 2018 年的 207.5 亿美元，增幅达到 93.54%。第三章和第四章着眼的是中美双方的加征关税清单产品，而在本章中，考虑的则是增加值贸易和全球价值链视角下的总出口，这也给了我们一个更为全面地看待巴西在全球贸易震荡格局下对中国的地位和意义。在同一时间段内，中澳双边关系也进入了震荡期：尽管传统上澳大利亚是中国铁矿石类产品的最大进口来源地，但巴西的铁矿石相关产品（以未烧结铁矿砂及其精矿（HS 编码：260111）为代表）为澳洲的同类产品提供了一定程度的替代。虽然在 2019 年和 2020 年澳大利亚对华出口的未烧结铁矿砂的持续攀升，但巴西对华出口也同样出现增长趋势。采矿和采石业（s2）对华出口增幅突出的另一个原因是 2018 年，中国自巴西大幅加大了原油（HS 编码：270900）的进口——这也是中国对美国加征关税的产品之一，同比增幅达到 44.47%，高于未烧结铁矿砂及其精矿的 40.54% 和大豆的 34.09%。此外，2018 年巴西对华出口的大豆较 2017 年增长了 69.22 亿美元，可其所在的农林牧渔业部门在 2017 年和 2018 年两年间的总对华出口额变化不大，这表明该部门的其他产品的对华出口出现了萎缩。

表 5－9　　巴西对中国重点部门出口概况

	2017 年			2018 年			变化程度（%）		
	s1	s2	s3	s1	s2	s3	s1	s2	s3
总出口（GEXP）	15.11	10.73	2.57	15.30	20.76	2.66	1.25	93.54	3.60
国内部分（DC）	13.61	9.40	2.29	13.48	17.65	2.31	－0.95	87.82	1.09
国内增加值（DVA）	13.60	9.40	2.28	13.47	17.64	2.31	－0.96	87.79	1.07
在国外被吸收的国内增加值（VAX）	13.57	9.37	2.28	13.44	17.59	2.31	－0.97	87.78	1.07
在国外被直接吸收的国内增加值（DAVAX）	11.21	7.26	2.11	11.07	13.62	2.14	－1.25	87.60	1.42
折返值（REF）	0.03	0.03	0.00	0.03	0.05	0.00	2.94	92.34	4.00
国内双重计算（DDC）	0.01	0.00	0.00	0.01	0.01	0.00	30.54	142.73	24.52
国外部分（FC）	1.50	1.33	0.28	1.82	3.11	0.35	21.25	134.02	24.12
国外增加值（FVA）	1.50	1.33	0.28	1.81	3.11	0.35	21.22	133.98	24.11
国外双重计算（FDC）	0.00	0.00	0.00	0.00	0.00	0.00	57.62	190.67	50.23
全球价值链相关贸易（GVC）	3.90	3.46	0.45	4.23	7.14	0.52	8.45	106.10	15.48
后向 GVC（GVCB）	1.50	1.33	0.28	1.82	3.12	0.35	21.29	134.05	24.13
前向 GVC（GVCF）	2.39	2.13	0.17	2.40	4.02	0.17	0.38	88.60	1.06

数据来源：ADB－MRIO。单位为十亿美元。

虽然这三个重点部门的对华出口额增长幅度不一，但也具备一定的共性：首先表现在此三部门的国内增加值（DVA）在总出口的比重均高于85%；其次，除食品、饮料和烟草部门，其他两个部门前向参与全球价值链贸易的程度更高。这也符合世界银行（2020）前向、后向参与全球价值链模式的定义：巴西向中国出口的农林牧渔与采矿和采石业产品在经过进一步加工后，由中国继续出口。这正是拉美国家参与全球价值链贸易的普遍模式。农林牧渔和采矿和采石两行业全球价值链贸易在对华总出口中的比重也更高，2017 年分别是 25.79% 和 32.29%，2018 年则双双增长至 27.62% 和 34.39%，而食品、饮料和烟草部门在 2017 年和 2018 年的这一数值则分别为 17.55% 和 19.56%，这正是巴西的资源性行业处于全球价值链生产上游且国际化参与程度较高的体现。

多区域投入-产出表还可以核算出一国的 GDP（增加值）被其他国家的 GDP（最终需求）吸收的情况。2017 年和 2018 年，被中国最终吸收的巴西的 GDP 分别占当年度巴西总 GDP 的 1.71% 和 2.32%，位列第一，高于美国的 1.54% 和 1.68%。表 5-10 汇总了吸收巴西创造的 GDP 排名前十的国家，不难看出，除中国外，东亚的日本和韩国、南亚的印度对巴西创造的增加值的吸收也较为突出，高于众多欧盟国家。这也表明巴西对亚洲国家日益显著的重要性。此外，中国吸收的巴西 GDP 中，巴西对中国的直接出口贡献了约 85%，其余 15% 则来自第三国吸收了巴西出口的增加值后，对中国的再出口（即巴西对中国的非直接出口）。

表 5-10 巴西 GDP 被各国吸收概况：排名前十的国家

	2017 年金额	2018 年金额	2017 年占比（%）	2018 年占比（%）
巴西	1700.51	1511.41	88.45	86.74
中国	32.83	40.47	1.71	2.32
美国	29.61	29.33	1.54	1.68

续表

	2017 年金额	2018 年金额	2017 年占比（%）	2018 年占比（%）
印度	9.80	10.60	0.51	0.61
日本	8.38	9.83	0.44	0.56
德国	7.42	7.70	0.39	0.44
法国	5.23	5.33	0.27	0.31
荷兰	4.99	5.02	0.26	0.29
英国	4.98	4.98	0.26	0.29
韩国	4.04	4.55	0.21	0.26
俄罗斯	4.55	4.43	0.24	0.25

数据来源：ADB - MRIO。单位为十亿美元。

表 5 - 11 则归纳了中国各部门 2017 年和 2018 年吸收巴西 GDP 的情况。食品、饮料和烟草行业（s3）和建筑业（s18）分别是吸收巴西 GDP 最为突出的货物贸易部门和服务贸易部门。其他吸收巴西 GDP 相对突出的部门还包括农林牧渔业（s1）、非金属机械（s13）、电气和光学设备（s14）、运输设备（s15）等货物贸易部门，以及酒店和餐馆（s22），租用机电设备及其他商业活动（s30），公共管理和国防、强制性社会保障（s31），卫生和社会工作（s33）和其他社区、社会和个人服务（s34）等服务贸易部门，但上述部门吸收的巴西 GDP 均远低于食品、饮料和烟草行业（s3）和建筑业（s18）两部门——在 2018 年，该两部门吸收的巴西 GDP 的占比分别达到了 17.52% 和 29.10%，年增长率则分别为 4.29% 和 44.79%。整体而言，这些数据均显示出巴西对中国经济增长的贡献具有高度的部门（行业）集中性。

表 5－11　　中国各部门吸收巴西 GDP 概况

部门编码	部门名称	2017 年金额	2018 年金额	2017 年占比（%）	2018 年占比（%）	增长率（%）
s1	农林牧渔业	1.65	1.56	5.04	3.85	－5.85
s2	采矿和采石业	0.06	0.10	0.19	0.24	58.13
s3	食品、饮料和烟草	6.80	7.09	20.71	17.52	4.29
s4	纺织和纺织产品	0.73	0.79	2.22	1.96	8.94
s5	皮革、皮革制品和鞋类	0.58	0.60	1.76	1.47	3.02
s6	木材和木材及软木制品	0.02	0.02	0.05	0.05	4.25
s7	纸浆、纸张、纸制品、印刷和出版业	0.03	0.03	0.10	0.06	－23.41
s8	焦炭、精炼石油和核燃料	0.33	0.56	1.02	1.38	66.99
s9	化学品和化工产品	0.45	0.55	1.36	1.36	22.63
s10	橡胶和塑料	0.02	0.03	0.08	0.06	3.86
s11	其他非金属矿物	0.02	0.02	0.07	0.06	8.33
s12	基本金属和金属制品	0.21	0.29	0.65	0.72	36.51
s13	非金属机械	1.24	1.60	3.78	3.95	28.73
s14	电气和光学设备	1.08	1.38	3.30	3.42	27.52
s15	运输设备	1.97	2.51	6.01	6.20	27.16
s16	其他制造业，回收	0.25	0.25	0.76	0.62	－0.02
s17	电力、天然气和水供应	0.32	0.53	0.97	1.30	65.33
s18	建筑业	8.13	11.78	24.78	29.10	44.79
s19	机动车和摩托车的销售、保养和维修，燃料的零售	0.00	0.00	0.00	0.00	－10.97
s20	批发贸易和佣金贸易，不包括机动车和摩托车	0.43	0.51	1.31	1.27	18.82
s21	零售业，不包括机动车和摩托车，家庭用品的修理	0.15	0.18	0.46	0.44	18.17

续表

部门编码	部门名称	2017 年金额	2018 年金额	2017 年占比（%）	2018 年占比（%）	增长率（%）
s22	酒店和餐馆	1.15	1.23	3.52	3.03	6.28
s23	内陆运输	0.19	0.27	0.57	0.67	43.29
s24	水路运输	0.05	0.06	0.14	0.15	31.69
s25	航空运输	0.04	0.04	0.12	0.11	17.31
s26	其他支持性和辅助性运输活动，旅行社的活动	0.03	0.04	0.10	0.09	18.89
s27	邮政和电信	0.16	0.19	0.48	0.47	22.91
s28	金融中介	0.19	0.22	0.58	0.53	12.70
s29	房地产活动	0.15	0.19	0.45	0.46	26.40
s30	租用机电设备及其他商业活动	1.65	1.93	5.01	4.78	17.53
s31	公共管理和国防、强制性社会保障	1.33	1.68	4.07	4.14	25.53
s32	教育	0.83	1.03	2.54	2.54	23.44
s33	卫生和社会工作	1.48	2.00	4.52	4.94	34.78
s34	其他社区、社会和个人服务	1.08	1.24	3.29	3.07	15.11
s35	有雇工的私人住户	0.00	0.00	0.00	0.00	27.48

数据来源：ADB－MRIO。单位为十亿美元。

而表5－12比较了中国各部门吸收巴西、墨西哥和美国三国以及全球的GDP（增加值）的情况。作为全球第一大货物贸易国，中国已连续多年保持全球第一大货物贸易出口国的地位。在此基础上，中国的最终需求里，对全球其他各国GDP的吸收规模也在持续上升。2017年时，中国吸收的来自全球其他地区的GDP达到14138.19亿美元，占中国当年度GDP的12.28%。到

表 5-12 中国各部门吸收外国 GDP 概况：巴西、墨西哥和美国

部门编码	部门名称	巴西		墨西哥		美国		全球（不含中国）	
		2017 年	2018 年	2017 年	2018 年	2017 年	2018 年	2017 年	2018 年
s1	农林牧渔业	1.65	1.56	0.15	0.17	2.69	2.72	34.10	35.83
s2	采矿和采石业	0.06	0.10	0.04	0.05	0.09	0.12	2.37	3.24
s3	食品、饮料和烟草	6.80	7.09	0.35	0.41	9.27	10.23	87.13	100.23
s4	纺织和纺织产品	0.73	0.79	0.07	0.09	1.33	1.51	18.47	21.28
s5	皮革、皮革制品和鞋类	0.58	0.60	0.03	0.03	0.70	0.82	10.11	11.75
s6	木材和木材及软木制品	0.02	0.02	0.00	0.00	0.06	0.06	0.98	1.01
s7	纸浆、纸张、纸制品、印刷和出版业	0.03	0.03	0.00	0.00	0.17	0.18	1.78	1.79
s8	焦炭、精炼石油和核燃料	0.33	0.56	0.10	0.12	0.66	0.82	16.69	19.54
s9	化学品和化工产品	0.45	0.55	0.10	0.12	2.94	3.38	26.07	29.76
s10	橡胶和塑料	0.02	0.03	0.03	0.03	0.53	0.59	3.56	3.92
s11	其他非金属矿物	0.02	0.02	0.01	0.01	0.11	0.11	1.25	1.15
s12	基本金属和金属制品	0.21	0.29	0.06	0.07	0.88	1.00	12.77	13.64
s13	非金属机械	1.24	1.60	0.47	0.56	10.18	11.67	126.26	142.88
s14	电气和光学设备	1.08	1.38	0.68	0.77	12.46	14.42	167.28	190.86
s15	运输设备	1.97	2.51	2.01	2.39	24.75	27.55	168.27	191.04
s16	其他制造业，回收	0.25	0.25	0.38	0.41	2.34	2.55	16.01	18.31
s17	电力、天然气和水供应	0.32	0.53	0.07	0.09	0.58	0.69	12.73	14.55
s18	建筑业	8.13	11.78	1.77	2.25	22.26	26.62	376.91	440.10

续表

部门编码	部门名称	巴西		墨西哥		美国		全球（不含中国）	
		2017年	2018年	2017年	2018年	2017年	2018年	2017年	2018年
s19	机动车和摩托车的销售、保养和维修，燃料的零售	0.00	0.00	0.00	0.00	0.03	0.04	1.19	1.25
s20	批发贸易和佣金贸易，不包括机动车和摩托车	0.43	0.51	0.11	0.13	1.59	1.81	27.53	31.22
s21	零售业，不包括机动车和摩托车，家庭用品的修理	0.15	0.18	0.07	0.08	0.39	0.44	6.63	7.32
s22	酒店和餐馆	1.15	1.23	0.06	0.07	1.62	1.80	21.00	24.24
s23	内陆运输	0.19	0.27	0.08	0.10	1.86	2.21	12.47	14.46
s24	水路运输	0.05	0.06	0.01	0.01	0.34	0.39	3.26	3.78
s25	航空运输	0.04	0.04	0.02	0.02	1.20	1.36	4.36	4.80
s26	其他支持性和辅助性运输活动，旅行社的活动	0.03	0.04	0.01	0.01	0.10	0.11	1.32	1.29
s27	邮政和电信	0.16	0.19	0.04	0.05	0.87	1.01	9.07	10.47
s28	金融中介	0.19	0.22	0.02	0.03	0.69	0.79	9.57	11.05
s29	房地产活动	0.15	0.19	0.02	0.03	0.48	0.57	6.27	7.32
s30	租用机电设备及其他商业活动	1.65	1.93	0.14	0.17	5.19	6.11	52.84	62.71
s31	公共管理和国防、强制性社会保障	1.33	1.68	0.21	0.26	5.18	6.13	53.17	63.07
s32	教育	0.83	1.03	0.12	0.15	3.30	3.90	32.55	38.59
s33	卫生和社会工作	1.48	2.00	0.24	0.31	3.89	4.67	52.07	61.61
s34	其他社区、社会和个人服务	1.08	1.24	0.09	0.12	2.04	2.44	37.77	44.49
s35	有雇工的私人住户	0.00	0.00	0.00	0.00	0.00	0.00	0.00	0.00

数据来源：ADB－MRIO。单位为十亿美元。

2018 年，这一数据提升至 16285.60 亿美元，比重也上升至 12.48%。其中，电气和光学设备（s14）和运输设备（s15）是吸收外国 GDP 最多的两个货物贸易部门，分别吸收了约 12% 的全球 GDP，而在服务贸易部门，建筑业（s18）对外国 GDP 的吸收可谓一骑绝尘，吸收了约 27% 的当年度外国 GDP。

在全球范围内，与美国、德国和日本等传统发达经济体相比，巴西在中国最终吸收的外国 GDP 中所占的比重不算突出，2017 年和 2018 年的数值分别是 2.32% 和 2.49%，低于排名第一的美国的 8.54% 和 8.52%（2017 年和 2018 年，下同），但远高于墨西哥的 0.53% 和 0.56%，和法国（1.92% 和 2.24%）与英国（1.85% 和 2.10%）相近，且高于东盟任一成员国。此外，在电气和光学设备（s14）、运输设备（s15）和建筑业（s18）这三个吸收外国 GDP 最多的部门中，巴西的贡献也相当有限：2017 年在全球被中国吸收 GDP 的比重分别为 0.65%、1.17% 和 1.31%；2018 年时，这一数据均有所提升，分别为 0.72%、1.31% 和 2.68%。吸收巴西 GDP 较多的部门主要是食品、饮料和烟草（s3），皮革、皮革制品和鞋类（s5），酒店和餐馆（s22），在这三个部门中，巴西被中国最终吸收的 GDP 达到了全球被吸收 GDP 的 5% 的水平，均低于美国。

通过分部门核算中巴双边增加值贸易和巴西 GDP 被中国吸收的情况，以及横向对比巴西与中国其他主要贸易伙伴与中国在全球价值链贸易中的联系紧密程度，不难发现，一方面，对于今日的中国而言，无论是贸易紧密程度，还是对中国经济发展的重要性，地理距离遥远的巴西不仅远远超过了拉美其他国家，也超过了诸多欧盟成员国，甚至超过了同处亚洲、同一区域贸易协定情况下的许多东盟国家，从这个意义上来说，巴西对中国的重要性不容忽视。另一方面，中巴双边贸易，特别是巴西对华货物贸易出口依然存在产品高度集中，全球价值链参与程度较低等情况，这也需要中巴进一步深化经贸合作，找到能为双边带来更多收益的合作方式和手段。

第四节　美国与墨西哥

一、美墨贸易概况

由于历史和地缘政治，美国长期以来均是墨西哥最重要的贸易伙伴。自 1994 年《北美自由贸易协定》正式生效，墨西哥对美国的贸易依赖日益提升，在墨西哥的总出口中，对美出口的比重长期达到 75% 以上，自美进口比重在 2008 年全球金融危机后虽然略有降低，但也维持在 40% 以上。同时，墨西哥也是美国重要的进口来源国，进入 21 世纪以来，随着中国在全球贸易格局中日益占据重要地位，中国取代墨西哥成为美国第一大进口来源国，但墨西哥与同处北美自由贸易区的加拿大始终位于美国进口来源前五的位置。至2019年，美墨双边货物贸易金额超过6000亿美元（见图5-6），这也是全球双边贸易额最高的两个国家。

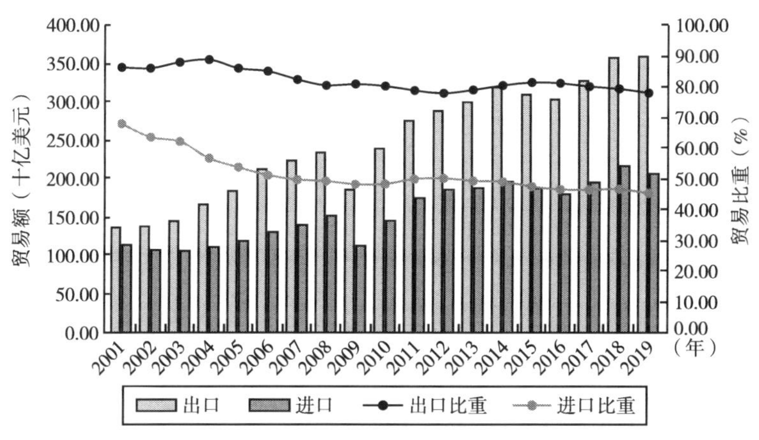

图5-6 美墨贸易概况：2001—2019年

数据来源：WITS数据库。墨西哥为报告方。

在美墨双边贸易中，墨西哥长期处于贸易顺差地位，且顺差金额持续扩大，2019年，贸易顺差达到1525.19亿美元，创历史新高。这一数据也与前文的结论保持一致：作为全球最重要的贸易进口国之一，美国对主要贸易伙伴维持贸易逆差地位正是由其全球第一大经济体的特殊地位决定的，且难以通过加征关税，或是实施其他惩罚性贸易措施来降低贸易逆差的规模。

自《北美自由贸易协定》（以及后来修订的《美墨加协定》）生效以来，美国和墨西哥（以及加拿大）之间的全球价值链和增加值贸易的研究长期引发学者的关注。例如，在de Gortari（2019）[①] 基

① de Gortari A. Disentangling global value chains [R]. National Bureau of Economic Research, 2019.

于 WIOD 全球投入 - 产出数据库的最新研究中，作者使用墨西哥的微观贸易数据核算北美自由贸易区的供应链，发现墨西哥对美国的出口比对其他国家的出口使用了更多的美国投入：以汽车行业为例，墨西哥出口至美国的汽车及零部件中，使用的外国投入有 74% 来自美国，而出口到德国的同类产品中，仅有 18% 的外国投入来自美国。墨西哥 - 美国的供应链更加一体化。根据作者的核算结果，美国进口的墨西哥制成品中 30% 的价值是美国的附加值。此外，由于美国以附加值形式通过墨西哥出口到美国的附加值份额增加，北美自由贸易协定产生的福利成本对美国而言进一步被放大；同时，墨西哥出口到美国的附加值份额相应减少，而北美自贸协定对墨西哥产生的福利成本则被抑制了。这一方面意味着在讨论全球价值链时，不仅需要在部门和目的地层面分析贸易流动；另一方面也表明了美国和墨西哥在某些部门具有极其紧密的、中短期内他国难以替代的价值链联系。

二、墨西哥对美国出口：增加值贸易和全球价值链视角

2018 年，墨西哥对美国的总出口达到 3628.4 亿美元，较 2017 年前增长 10.06% 。和拉美的其他国家相比，墨西哥无论是对美出口规模还是出口结构，都更接近于美国在东亚乃至于欧洲的主要贸易伙伴。如表 5 - 13 所示，在墨西哥对美出口中，增加值出口（VAX）和全球价值链（GVC）出口的比重均在 50% 左右，

这表明墨西哥在对美国的出口中，不仅包含大量产品部件，而且存在大量墨西哥自他国进口的非最终制成品，这些产品经过墨西哥组装加工后，最终出口到美国。特别是在全球价值链相关贸易中，后向全球价值链出口占据压倒性的比重，前向全球价值链出口仅占不足10%。这与中国（东亚）对美国的出口存在显著的差异——在以中日韩为代表的亚洲对美出口中，虽然也以后向型价值链出口为主，但前向、后向出口的比重差异较小，而且东亚对美出口时，其产品的国内增加值比重远高于墨西哥。

表5－13 墨西哥对美国出口概况

	金额		占比		增幅（%）
	2017年	2018年	2017年	2018年	
总出口（GEXP）	329.67	362.84	100.00	100.00	10.06
国内部分（DC）	182.73	198.39	55.43	54.68	8.57
国内增加值（DVA）	181.67	197.16	55.11	54.34	8.52
在国外被吸收的国内增加值（VAX）	180.23	195.53	54.67	53.89	8.49
在国外被直接吸收的国内增加值（DAVAX）	165.54	179.16	50.21	49.38	8.23
折返值（REF）	1.45	1.62	0.44	0.45	12.07
国内双重计算（DDC）	1.06	1.24	0.32	0.34	17.37
国外部分（FC）	146.94	164.44	44.57	45.32	11.91
国外增加值（FVA）	146.16	163.50	44.33	45.06	11.87
国外双重计算（FDC）	0.79	0.94	0.24	0.26	19.24
全球价值链相关贸易（GVC）	164.14	183.67	49.79	50.62	11.90
后向GVC（GVCB）	148.00	165.68	44.89	45.66	11.95
前向GVC（GVCF）	16.14	17.99	4.89	4.96	11.50

数据来源：ADB－MRIO。单位为十亿美元。

表 5－14 中概括了墨西哥对美出口的三个重点部门（出口金额排名前三）2017 年和 2018 年的贸易情况。其中，运输设备部门（s15）是墨西哥对美最重要的出口部门，电气和光学设备部门（s14）则是中国对美主要出口部门，也是在此次贸易震荡中受到影响最大的部门之一。基本金属和金属制品部门（s12）包含了大量汽车和其他机械制品零部件，也是美墨双边贸易的重要部门之一。

表 5－14　　墨西哥对美国重点部门出口概况

	2017 年			2018 年			变化程度（%）		
	s12	s14	s15	s12	s14	s15	s12	s14	s15
总出口（GEXP）	23.92	81.69	97.61	28.33	85.41	109.09	15.55	4.35	10.52
国内部分（DC）	15.87	22.68	50.05	18.67	21.48	54.81	15.02	－5.60	8.69
国内增加值（DVA）	15.80	22.41	49.54	18.59	21.17	54.21	14.99	－5.84	8.61
在国外被吸收的国内增加值（VAX）	15.52	22.31	49.25	18.26	21.08	53.89	14.99	－5.84	8.61
在国外被直接吸收的国内增加值（DAVAX）	12.63	21.07	45.30	14.84	19.89	49.54	14.90	－5.90	8.57
折返值（REF）	0.28	0.10	0.29	0.33	0.09	0.32	14.96	－5.15	8.17
国内双重计算（DDC）	0.06	0.28	0.51	0.08	0.31	0.60	22.91	10.75	15.56
国外部分（FC）	8.06	59.01	47.56	9.66	63.93	54.28	16.57	7.70	12.37
国外增加值（FVA）	8.02	58.77	47.17	9.61	63.65	53.80	16.54	7.68	12.33
国外双重计算（FDC）	0.03	0.24	0.39	0.04	0.28	0.48	23.42	12.48	17.51
全球价值链相关贸易（GVC）	11.29	60.62	52.31	13.49	65.52	59.55	16.27	7.47	12.15
后向 GVC（GVCB）	8.12	59.28	48.07	9.74	64.24	54.88	16.62	7.71	12.41
前向 GVC（GVCF）	3.18	1.34	4.25	3.75	1.28	4.67	15.34	－4.88	9.11

数据来源：ADB－MRIO。单位为十亿美元。

比较完 2017 年和 2018 年的数据后，再结合表 5－13 和表 5－14，主要发现如下：第一，2017 年后，墨西哥对美出口出现增长，但部门间增长存在差异。其中，运输设备部门和与之紧密相关的基本金属和金属制品部门分别实现了 10.52% 和 15.55% 的增长，高于总出口增长幅度，但电气和光学设备部门——这一墨西哥对美第二大出口部门的增长率仅为 4.35%，不仅低于 10.06% 的总出口增长率，在规模和增长幅度上也低于同部门中国对美国的出口（2018 年出口额：1621.9 亿美元，增长率 12.29%）。第二，从全球价值链和增加值贸易的角度看，在这三个对美出口重要部门中，墨西哥贡献的国内增加值普遍不高，基本金属和金属制品部门是增加值出口在部门总出口比重最高的，2018 年，该部门在美国被吸收的墨西哥国内增加值的比重达到了 64.45%，运输设备部门的这一数值为 49.40%，且与 2017 年相比，变化幅度很少。相较之下，电气和光学设备部门的出口中，在美国被吸收的墨西哥国内增加值的占比仅为 24.68%，较 2017 年的 27.31% 进一步降低，而该部门外国增加值（FVA）和全球价值链出口（GVC）2018 年的比重则分别为 74.52% 和 76.71%，这一方面表明了墨西哥该部门的开放程度；另一方面，也说明墨西哥在该部门的全球价值链中处于中下游的位置。

目前，对于“替代”和“转移”的讨论乃至争辩层出不穷。例如，美国与中国的全球价值链联系是否会转移至东亚和东南亚的其他国家，抑或是与美国接壤和邻近的加拿大、墨西哥和其他中美洲国家？当进一步观察更新的美墨双边贸易数据，特别是美墨电气和光学设备部门的增加值贸易数据后，本书第三章的结论不变：即便是对中国替代度高，甚至在对美出口存在高竞争性产品的国家，美国从这些国家的进口也和自华进口具有结构性差异，至少在中短时期内，中国产品难以被替代。

图 5 -7 是美国自华进口清单上产品和自日本、加拿大和墨西哥进口清单产品的种类和金额的柱状图。这三国同属美国最重要的贸易伙伴之列。不难看出，根据 HS 部门分类法，美国从加拿大、墨西哥和日本等国进口的清单产品的结构和自华进口的结构具有明显差异。例如，在美国对华进口中，产品种类最多的是化学产品，占清单产品种类的 19.06%；而自加拿大进口的产品中，主要是电子机械产品（占产品种类总数的 21.72%）和化学产品（15.63%）；在与墨西哥的双边贸易中，美国最主要的进口产品为电交通产品（21.61%）和塑料与橡胶类产品（13.24%）；自日本最主要的进口品则是电子机械产品（21.98%）和化学产品（17.44%）。

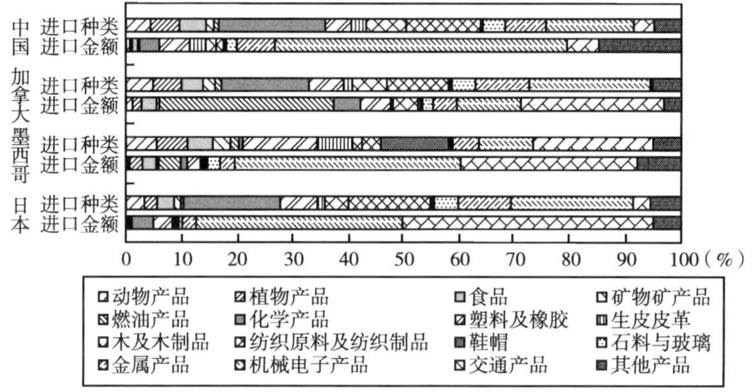

图 5 -7 贸易伙伴可替代度：中国与加拿大、墨西哥和日本的比较

数据来源：WITS 数据库。报告方为美国。2017 年数据。

此外，我们对重叠度较大的电子机械产品进行了基于 HS 4 位编码的具体产品比较（表 5－15），进一步发现，美国从中国和从其他三国进口的产品存在比较明显的差异性，即便是与产品重合程度最高的墨西哥相比较，在特定产品中，中国的电子机械产品的不可替代性也不容忽视。在《北美自由贸易协定》/《美墨加协定》的框架下，美国自墨西哥和加拿大进口都具有更大的价格优势，但至少就清单上的超过 2500 亿美元的美国自华进口产品而言，墨西哥和加拿大对中国的“高替代度”体现在高度互补性和直接竞争性并存，且前者高于后者。

表 5－15　　美国自中国、加拿大、墨西哥、日本进口的主要机械电子类产品

HS 编码	描述	中国		加拿大		墨西哥		日本	
		金额	占比（%）	金额	占比（%）	金额	占比（%）	金额	占比（%）
8517	电话机	24.23	17.21	0.62	2.25	10.00	9.23	0.50	1.10
8473	品目 8469 至 8472 所列机器的零件、附件	15.55	11.04	0.25	0.92	0.31	0.29	0.12	0.27
8471	其他办公室用机器	10.47	7.43	0.27	0.99	19.22	17.75	0.35	0.77
8525	无线电广播、电视发送设备；电视摄像机和电子照相录像机	6.07	4.31	0.56	2.05	0.36	0.34	1.12	2.48
8504	变压器、静止式变流器（例如整流器）及电感器	5.66	4.02	0.67	2.42	2.04	1.88	0.83	1.83
8528	监视器及投影机	5.52	3.92	0.08	0.31	9.13	8.43	0.36	0.80
8543	其他具有独立功能的电气设备及装置	4.66	3.31	0.50	1.81	2.25	2.08	0.78	1.73

续表

HS编码	描述	中国		加拿大		墨西哥		日本	
		金额	占比（%）	金额	占比（%）	金额	占比（%）	金额	占比（%）
8544	绝缘电线、电缆及其他绝缘电导体	4.51	3.20	0.60	2.19	9.98	9.22	0.29	0.64
8481	龙头、旋塞、阀门及类似装置	3.96	2.81	0.59	2.16	2.48	2.29	1.43	3.17
8443	打印机、复印机及传真机及零件	3.01	2.14	0.04	0.15	0.45	0.41	2.69	5.94
前十和值		83.64	59.40	4.20	15.24	56.24	51.92	8.47	18.74
部门和值		140.81	100.00	27.54	100.00	108.32	100.00	45.23	100.00

数据来源：WITS 数据库。数据单位为十亿美元。报告方为美国。2017 年数据。

从墨西哥 GDP 被其他国家吸收的情况来看，美国无疑名列第一，而且吸收的墨西哥 GDP 远远高于其他国家——2017 年和 2018 年，被美国吸收的墨西哥创造的增加值分别达到墨西哥年度 GDP 的 15.93% 和 16.30%，而排在第二的、同属北美自贸区的加拿大的这一数据 2017 年和 2018 年均维持在 1.06%（表 5－16）。反观美国，2017 年和 2018 年，被墨西哥吸收的 GDP 分别仅占其总 GDP 的 0.86% 和 0.88%，墨西哥对美国市场的依赖可见一斑。这也就不难理解，为什么当特朗普在《美墨加协定》中大幅强化“美国优先”，并对墨西哥的汽车产业做出原产地、最低工资和劳工福利等种种苛刻限制性条款时，墨西哥唯有全盘接受。

表 5－16　墨西哥 GDP 被各国吸收概况：排名前十的国家

	2017 年（金额）	2018 年（金额）	2017 年占比（%）	2018 年占比（%）
墨西哥	827.35	868.89	77.00	76.25
美国	171.22	185.69	15.93	16.30
加拿大	11.37	12.13	1.06	1.06
中国	7.54	9.12	0.70	0.80
西班牙	3.75	4.48	0.35	0.39
日本	3.66	4.28	0.34	0.38
德国	3.41	4.20	0.32	0.37
巴西	2.63	2.96	0.24	0.26
韩国	2.32	2.66	0.22	0.23
印度	2.16	2.57	0.20	0.23
英国	2.23	2.47	0.21	0.22

数据来源：ADB－MRIO。单位为十亿美元。

2017 年和 2018 年美国各部门吸收墨西哥 GDP 的数据概括在表 5－17 中。运输设备（s15）以及公共管理和国防、强制性社会保障（s31）分别为吸收墨西哥 GDP（增加值）最多的货物贸易和服务贸易部门。其他吸收墨西哥 GDP 排名靠前的货物贸易部门依次为电气和光学设备（s14），食品、饮料和烟草（s3），非金属机械（s13），其他制造业、回收（s16），以及焦炭、精炼石油和核燃料（s8）等部门，而吸收墨西哥 GDP 较多的美国服务贸易部门则依次为建筑业（s18），不包括机动车和摩托车、家庭用品的修理的零售业（s21），不包括机动车和摩托车的批发贸易和佣金贸易（s19），卫生和社会工作（s33），内陆运输（s23），以及其他社区、社会和个人服务（s34）等。而在双边贸易中对美出口金额突出的基本金属和金属制品部门（s12），2018

年美国吸收的墨西哥 GDP 仅占 1.42%，这是因为该部门的产品出口到美国后，被组装为汽车，并最终体现为运输设备部门（s15）吸收的、来自墨西哥的增加值。总体而言，虽然存在运输设备这一吸收墨西哥 GDP 一枝独秀的部门，但墨西哥创造的 GDP 在美国被各部门最终需求吸收的情况更加多元。

表 5-17　　美国各部门吸收墨西哥 GDP 概况

部门编码	部门名称	2017 年（金额）	2018 年（金额）	2017 年占比（%）	2018 年占比（%）	增长率（%）
s1	农林牧渔业	9.80	10.81	5.73	5.82	10.25
s2	采矿和采石业	2.33	2.85	1.36	1.53	22.30
s3	食品、饮料和烟草	11.36	12.49	6.63	6.73	10.02
s4	纺织和纺织产品	5.18	5.62	3.03	3.03	8.45
s5	皮革、皮革制品和鞋类	0.31	0.31	0.18	0.17	-0.82
s6	木材和木材及软木制品	0.11	0.12	0.07	0.07	7.54
s7	纸浆、纸张、纸制品、印刷和出版业	1.33	1.46	0.78	0.79	9.45
s8	焦炭、精炼石油和核燃料	5.65	6.53	3.30	3.52	15.56
s9	化学品和化工产品	2.89	3.15	1.69	1.70	9.07
s10	橡胶和塑料	1.27	1.38	0.74	0.74	8.15
s11	其他非金属矿物	0.26	0.30	0.15	0.16	14.17
s12	基本金属和金属制品	2.17	2.63	1.27	1.42	20.84
s13	非金属机械	8.96	9.47	5.23	5.10	5.64
s14	电气和光学设备	15.76	15.11	9.20	8.14	-4.12
s15	运输设备	43.65	47.75	25.49	25.71	9.39
s16	其他制造业，回收	7.16	7.48	4.18	4.03	4.51
s17	电力、天然气和水供应	1.03	1.17	0.60	0.63	13.93
s18	建筑业	8.93	9.76	5.22	5.26	9.28
s19	机动车和摩托车的销售、保养和维修，燃料的零售	1.70	1.83	0.99	0.98	7.66

续表

部门编码	部门名称	2017年（金额）	2018年（金额）	2017年占比（%）	2018年占比（%）	增长率（%）
s20	批发贸易和佣金贸易，不包括机动车和摩托车	4.47	5.05	2.61	2.72	12.76
s21	零售业，不包括机动车和摩托车、家庭用品的修理	5.43	6.09	3.17	3.28	12.15
s22	酒店和餐馆	2.29	2.47	1.34	1.33	7.67
s23	内陆运输	2.85	3.15	1.66	1.70	10.64
s24	水路运输	0.15	0.17	0.09	0.09	9.73
s25	航空运输	0.63	0.69	0.37	0.37	9.50
s26	其他支持性和辅助性运输活动，旅行社的活动	0.08	0.09	0.04	0.05	15.48
s27	邮政和电信	1.36	1.45	0.79	0.78	6.54
s28	金融中介	0.81	0.91	0.47	0.49	12.65
s29	房地产活动	2.15	2.34	1.26	1.26	8.67
s30	租用机电设备及其他商业活动	2.14	2.32	1.25	1.25	7.97
s31	公共管理和国防、强制性社会保障	11.14	12.24	6.51	6.59	9.89
s32	教育	0.64	0.69	0.37	0.37	7.88
s33	卫生和社会工作	4.35	4.77	2.54	2.57	9.81
s34	其他社区、社会和个人服务	2.78	2.98	1.62	1.61	7.29
s35	有雇工的私人住户	0.08	0.09	0.05	0.05	6.52

数据来源：ADB-MRIO。单位为十亿美元。

通过比较美国各部门近年来吸收墨西哥、巴西和中国三国以及全球的GDP的情况，不难看出，自他国吸收的GDP在美国GDP总值的比重不高，2018年的比重为10.58%（表5-18）。

表 5－18　美国各部门吸收外国 GDP 概况：墨西哥、巴西和中国

部门编码	部门名称	墨西哥		巴西		中国		全球（不含美国）	
		2017 年	2018 年	2017 年	2018 年	2017 年	2018 年	2017 年	2018 年
s1	农林牧渔业	9.80	10.81	0.57	0.52	1.03	1.04	33.81	31.27
s2	采矿和采石业	2.33	2.85	0.18	0.25	1.52	1.89	13.82	16.79
s3	食品、饮料和烟草	11.36	12.49	3.25	3.01	10.38	11.26	113.44	115.51
s4	纺织和纺织产品	5.18	5.62	0.75	0.75	38.70	43.63	112.74	120.13
s5	皮革、皮革制品和鞋类	0.31	0.31	0.55	0.52	18.82	20.89	35.21	38.25
s6	木材和木材及软木制品	0.11	0.12	0.04	0.04	1.03	1.16	3.41	3.72
s7	纸浆、纸张、纸制品、印刷和出版业	1.33	1.46	0.52	0.50	3.06	3.47	21.72	23.59
s8	焦炭、精炼石油和核燃料	5.65	6.53	1.05	1.30	1.81	2.13	57.19	62.74
s9	化学品和化工产品	2.89	3.15	1.42	1.40	8.82	9.92	89.35	96.06
s10	橡胶和塑料	1.27	1.38	0.23	0.23	4.98	5.62	18.69	20.01
s11	其他非金属矿物	0.26	0.30	0.06	0.06	1.82	2.07	5.03	5.56
s12	基本金属和金属制品	2.17	2.63	0.48	0.51	8.71	9.74	30.51	33.78
s13	非金属机械	8.96	9.47	1.55	1.48	21.88	24.35	104.20	111.00
s14	电气和光学设备	15.76	15.11	1.30	1.35	91.17	101.83	201.84	218.76
s15	运输设备	43.65	47.75	3.87	3.70	28.67	32.52	295.20	314.36
s16	其他制造业，回收	7.16	7.48	1.83	1.65	24.95	28.15	83.96	91.83
s17	电力、天然气和水供应	1.03	1.17	0.17	0.21	0.72	0.81	12.13	12.84
s18	建筑业	8.93	9.76	2.01	2.00	14.83	16.68	102.02	108.30

续表

部门编码	部门名称	墨西哥		巴西		中国		全球（不含美国）	
		2017 年	2018 年	2017 年	2018 年	2017 年	2018 年	2017 年	2018 年
s19	机动车和摩托车的销售、保养和维修，燃料的零售	1.70	1.83	0.22	0.21	2.10	2.31	21.28	21.82
s20	批发贸易和佣金贸易，不包括机动车和摩托车	4.47	5.05	0.38	0.40	2.67	3.17	43.55	47.64
s21	零售业，不包括机动车和摩托车，家庭用品的修理	5.43	6.09	0.68	0.68	4.26	4.84	47.09	50.38
s22	酒店和餐馆	2.29	2.47	0.84	0.79	4.24	4.63	44.56	45.62
s23	内陆运输	2.85	3.15	0.27	0.28	1.37	1.53	19.46	20.20
s24	水路运输	0.15	0.17	0.03	0.03	0.12	0.13	2.02	2.02
s25	航空运输	0.63	0.69	0.36	0.37	2.86	3.24	19.07	20.42
s26	其他支持性和辅助性运输活动，旅行社的活动	0.08	0.09	0.01	0.01	0.07	0.07	1.81	1.66
s27	邮政和电信	1.36	1.45	0.29	0.29	4.61	5.17	26.86	28.39
s28	金融中介	0.81	0.91	0.30	0.31	2.58	2.99	55.32	60.69
s29	房地产活动	2.15	2.34	0.58	0.58	4.09	4.55	38.65	40.71
s30	租用机电设备及其他商业活动	2.14	2.32	0.87	0.88	8.03	9.23	97.56	108.55
s31	公共管理和国防、强制性社会保障	11.14	12.24	2.65	2.72	17.19	19.32	164.53	175.16
s32	教育	0.64	0.69	0.18	0.17	1.24	1.38	12.32	13.00
s33	卫生和社会工作	4.35	4.77	1.57	1.55	11.82	13.36	104.38	112.04
s34	其他社区、社会和个人服务	2.78	2.98	0.55	0.54	5.83	6.49	47.46	49.60
s35	有雇工的私人住户	0.08	0.09	0.01	0.01	0.12	0.14	0.93	0.97

数据来源：ADB－MRIO。单位为十亿美元。

其中，运输设备（s15）和公共管理和国防、强制性社会保障（s31）分别为美国吸收外国 GDP 最多的货物贸易和服务贸易部门，外国创造、又被美国最终需求吸收的 GDP 中，流入了这两个部门的占比分别为 14.1% 和 7.9%。

就全球范围而言，中国是美国吸收本土外 GDP 最多的国家。2018 年，1.90% 的美国 GDP 源自中国的贡献，甚至略高于排名第二和第三的加拿大（1.82%）和墨西哥（0.88%）之和。若是仅考虑外国对美国 GDP 的贡献程度，则中国、加拿大和墨西哥分别贡献了 17.09%，10.14% 和 8.22%。墨西哥作为一个发展中经济体，对美国国民生产总值的贡献，不仅远远高于本章前一节中讨论过的、同属拉美国家的巴西，也显著高于众多的 OECD 国家。这无疑从另一个角度再度验证了美墨两国间紧密的经济联系和对彼此的重要性。

而且，将墨西哥与巴西和中国进行比较后，可以看出拉美国家对美国的最终需求的贡献具有一定的共性：美国最终需求中对巴西 GDP 吸收最多的三个部门依次是运输设备（s15）（2017 年比重为 13.07%，2018 年比重为 12.63%，下同），食品、饮料和烟草（s3）（10.97% 和 10.27%），公共管理和国防、强制性社会保障（s31）（8.95% 和 9.28%）三个部门，与墨西哥的情况相近。然而中国 GDP 被美国最终需要吸收最多的三个部门则依次为电器和光学设备（s14）（25.60% 和 25.48%），纺织和纺织广品（s4）（10.87% 和 10.92%），运输设备（s15）（8.05% 和 8.14%），无一例外全为制造业相关的货物贸易部门。由此可见，即便占据着天时（全球贸易不确定性大背景）、地利（地理距离）和人和（自由贸易协定），在美国的进口结构中，墨西哥与中国至少在中短期内难以形成全面的替代竞争关系。

新冠肺炎疫情在全球蔓延后，世界经济受到重创。为了抗击疫情，各国采取了程度不一、时长不一的封锁措施，各国的经济活动也受到了不同程度的影响，如何确保本国生产最大程度地受益于疫情中的全球供应链，如何防备从全球价值链中脱钩便成了学者和政策制定者们重点关注的问题。以本书的研究对象为例，新冠肺炎疫情爆发前，拉美已然是全球经济增长最缓慢的地区，至今拉美仍是受新冠肺炎疫情影响最大的区域之一。基于这一突发事件，美墨的双边价值链联系也难免受到影响。最新研究指出，墨西哥难以取代东亚在美国全球供应链中的位置和重要性，而即便北美大自贸区的一体化程度在新冠肺炎疫情和贸易震荡的双重影响下进一步提升，对于美国而言，亚洲的重要性依然难以撼动。[①]

第五节　本章小结

综上所述，本章从增加值贸易和全球价值链的角度出发，以

① EIU. North American supply chains: Will reshoring actually happen? 2021.

中国－巴西和美国－墨西哥的双边经贸关系为案例，分析了拉美最大的两个经济体与中国和美国的经济联系。在分部门地核算了巴西（墨西哥）与中国（美国）各部门的增加值贸易的最新情况，以及这两个国家产生的 GDP 被中美两国最终需求吸收情况后，巴西和墨西哥分别对中国和美国的重要性进一步得到了验证。

与第三章和第四章不同，增加值贸易数据并非仅限于受双方关税清单影响的货物贸易产品，因此，本章讨论的巴西和墨西哥两国对中美经济的意义的结论就更为普适——对中国，巴西不仅是最重要的拉美贸易伙伴，其重要性也超过了许多发达经济体和部分亚洲的邻国。然而，不容忽视的是，巴西对华贸易出口始终存在着在产品高度集中、全球价值链参与程度较低的情况，而且在全球贸易震荡发生后，巴西一方面已有效地、较大规模地替代了中国进口结构中的美国大豆的部分份额，另一方面，也使得巴西对中国出口的产品集中度继续加深，而出口品技术含量则止步不前。

墨西哥和美国的双边贸易数据再度验证了两国紧密也特殊的经贸关系，在美国的主要贸易伙伴中，再无第二个国家对美国的（直接经济）依赖达到墨西哥的程度——墨西哥创造的国民生产总值中，超过 16% 被美国的最终需求吸收。从北美自由贸易区到《美墨加贸易协定》，墨西哥对美国经济的依赖将进一步加深。但是，由于墨西哥自身的产业结构和在美国供应链中长期所处的“近岸代工”地位，墨西哥恐难以成为中国被加征关税产品甚至是中国对美重要出口产品的有效替代生产国。墨西哥将继续保持其重要的美国工厂的地位，也或将在短期内获得对美更高的贸易顺差，但是，恐难以通过贸易震荡在中长期获得福利的提升，更难以因为这一贸易保护主义事件而在全球价值链中攀升至更高端的位置。

第六章

结论与建议

本书试图分析和归纳 21 世纪以来，特别是近期的全球贸易震荡格局下，拉丁美洲及区域内各国对中国和美国的意义以及在中国和美国各自贸易结构中的地位。本书从国际贸易的角度切入，使用全球贸易数据，采用“全球—区域—重点国家”的分析路径，对拉美在全球贸易震荡中的地位和可能受到的影响进行了全面的测算和衡量，并重点关注拉美对中国的涉清单产品的出口潜力和出口优势。此外，本书还选择了两个拉美重点国家——巴西和墨西哥——与中国和美国的双边增加值贸易数据展开核算，分析了拉美最大的两个经济体与中国和美国的经济联系，以及贸易震荡对双边经贸关系的影响程度。

一、结论

本书的主要发现可以分为全球层面和区域（即拉美）层面。

（一）从全球层面来看

首先，世界上仅有少数几个国家具有全面的产业结构及全面的出口能力，中美皆位居其中。能够在贸易震荡中全面取代中美在彼此贸易结构（特别是进口结构）的国家非常有限。这些国家主要为 G7 国家、欧盟和东盟的部分国家。此外，墨西哥对于美国，以及中国香港和中国台湾地区对中国大陆的重要性均不容忽视。正是由于这些国家/地区同样具备全面的贸易出口能力，它们不仅对于中美双方具备同样的重要性，而且有可能成为中国和美国产品潜在的竞争对手。

其次，尽管部分国家可以在一定程度上对中国和美国出口代替受到双方关税清单影响的重要产品，但由于各国产业结构和其在全球价值链体系中的位置不同，在短期内进行全面替代不可行，更十分昂贵。虽然中国从巴西和澳大利亚进口的大豆和铁矿石能有效地替代原本从美国进口的同类初级产品，从日本、韩国和德国进口的“中国清单”产品能最大限度地替代从美国进口的中高技术制成品，然而，世界上尚无如美国一般可以同时对华出口等规模的原材料和制成品的贸易伙伴；同时，美国在全球贸易格局中调配进口的能力更强，但即便存在北美自由贸易区，美国从中国和从北美自贸区进口的产品也是互补性高于竞争性。

再次，就整体而言，短期内，中国产品在美国的贸易体系中的可替代度远远低于美国产品在中国贸易体系中的可替代度。特别是那些双边贸易中美国从中国进口的“重点产品”，中国是美国最主要的贸易伙伴。相较之下，大多数中国从美国进口的中方重点产品都能找到来自其他国家的进口，唯一的例外是部分化学产品和电子产品。

最后，全球贸易体系依然处于大振荡期，且新冠肺炎疫情客观上延长了震荡时间，并扩大了震荡了的幅度。2017 年以来，美国贸易保护主义的战火也已经从中国蔓延至欧盟、印度等国家和地区。随着新冠肺炎疫情席卷全球，全球经济和贸易发展的不确定性就进一步扩大。对中国和美国而言，美国本土消费者或面临着关税成本的转嫁，而中国则更需要防范全球价值链发生系统性的转移。

（二）从区域（即拉美）层面来看

第一，根据已经生效的中美关税清单，不存在某一拉美国家能够较为全面地代替中国和美国在各自全球贸易结构中的地位。不过，在美国的进口结构中，拉美产品对中国产品的实际可替代率高于中国进口结构中拉美产品对美国产品的实际可替代率。在中美第一批关税清单生效后，将会带来关税增长和随之而来的贸易不确定性，至少在货物贸易上，拉美地区整体上均会因此而获得了更多的中短期的对中美出口机遇。不过，在全球范围内，拉美地区和区域内各国的可替代性不仅显著低于欧盟、日、韩等发展经济体，也普遍低于亚洲的发展中经济体，这一结论对中美涉清单产品皆成立。这表明在当下的贸易震荡大背景下，拉美的受益也将小于以 G7 为代表的发达经济体和以东南亚为代表的发展中经济体。这对已经进入经济衰退的拉美而言，将为其经济复苏的前景蒙上潜在阴影。

第二，上述因不确定性而产生的贸易机遇在不同国家或地区间存在较为显著的差异。这具体表现在，虽然拉美整体上因为贸易震荡扩大了对中国和美国的出口，但是区域内不同国家的可替代程度差异很大——除少数区域性大国外，其他国家普遍可替代程度较低。而且，拉美国家的产品不仅替代程度有限，区域内大部分国家对中国和美国的出口能力替代亦有限，这也使得拉美中小型经济体很难在短期内实现实际上的产能提升。尤其是拉美对中国的出口以大宗产品为主，出口品类集中度较高，这也将使得拉美扩大对华出口的收益出现“二八分化”：少数重点国家获得了绝大多数的出口红利，而中小国家特别是加勒比国家，虽然存在巨大的对华出口潜力，却恐怕难以在短期内得到全面释放。

第三，至少在短期内，拉美多数国家受中美贸易震荡的直接负面影响很小——无论是中国还是美国，能从除巴西和墨西哥之外的拉美国家买到受对方关税清单影响产品的种类有限。而根据引力模型的估算结果和双边显性比较优势指数，值得肯定的是，遥远的地理距离不再是阻碍双边贸易的主要阻力。同时，拉美各国普遍有扩大向中国出口的潜力，并且能够生产且出口中方清单涉及的美国产品。虽然与欧日韩和东南亚国家相比，拉美国家能对华出口的产品种类不多，然而对于多数拉美国家来说，已经是其对华重点出口产品。而且尽管拉美各国扩大对华出口的潜力差别较大，可双边贸易具备显著的提升空间——在未来，无论贸易震荡格局是否持续，或以何种形式持续，扩大对这些产品的贸易量都有助于提高中国和拉美国家的贸易收益，并有可能成为双方进一步发掘贸易潜力的着力点。此外，在现有的清单涉及产品中，拉美国家具备显性比较优势的产品远远多于目前实现对华出口的产品。在未来，随着中拉经贸关系进一步加强，中国也具备增加自拉美进口多样性的潜力。但同时需要说明的是，正是因为多数拉美国家难以从中美任何一方中获得显著的、持续性的计划外贸易收益，所以从地缘政治的实用性出发，或将更倾向于向美国市场倾斜。对此，加勒比国家的倾向性将更强。

第四，巴西和墨西哥分别成为贸易震荡背景下对中国和美国重要性最高的拉美国家，而且重要性远远超出拉美地区其他国家。巴西大豆不仅能较为全面地代替了中国市场上的美国大豆，更重要的是，对于今日的中国而言，无论是贸易紧密程度，还是对中国经济发展的重要性，地理距离遥远的巴西不仅远远超过了拉美其他国家，也超过了诸多欧盟成员国，甚至超过了同处亚洲、同一区域贸易协定下的许多东盟国家。而美国自墨西哥进口的美方清单涉及产品是拉美各国里唯一的美国进口金额接近同时间段自华进口金额的国家，远高于其他拉美国家。无论中美经贸关系未来走向如何，墨西哥在美国的全球贸易格局中兼具重要性和独特性。但需要注意的是，墨西哥对中国的可替代程度在拉美各国内最高，并且美自墨进口金额（清单涉及产品）与自华进口金额相近，但中国和墨西哥在美国的进口贸易结构中，双方的互补性高于竞争性，短期内美国无法单纯依靠从墨西哥进口来替代中国产品，特别是机械电子产品在美国国内市场的地位。然而，如果全球贸易格局不确定的前景继续维持，美国对墨西哥进口产品的依赖将进一步加强，全球价值链发生转移，中墨产品也有可能从现有的互补性转变为竞争性。"一叶落而知秋"，在未来，中巴和美墨双边经贸关系，将越来越鲜明地成为中拉和美拉双边经贸关系的风向标。

二、建议

第一，结合基于全球贸易数据以及中美拉三边贸易数据，不难发现，进入 21 世纪后，虽然美国依然是西半球其他国家最主要的贸易伙伴之一，维持着强势的贸易地位，但是，拉美与地理距离遥远的亚洲的贸易往来日益密切，而中国，则在 2008 年全球性金融危机后的十余年间，取代美国，成为拉美地区许多国家的第一大贸易伙伴，或第一大出口目的地。尽管存在国家间差别巨大、拉美对中国出口高度集中的问题，但中拉贸易，特别是拉美对中国出口，仍具备极大的潜力。目前，全球经济发展前景不确定性巨大，地区经济复苏程度不一，中美双边关系一方面不可避免地也影响着中拉经贸关系，但另一方面，也为中拉经贸关系的进一步深化带来新的机遇。在地理距离越来越不是双边经贸关系阻力的当下，优良的基础设施建设、良好的制度和全球化参与程度，都将对中拉经贸关系带来促进作用。而作为出口国的拉美的经济前景和产能规模，则是中短期内中拉贸易潜力实现程度的至关重要的一环。

第二，基于中拉双边贸易的现状，并展望中拉深化贸易关系，或是更全面的双边关系的未来，双方应该致力于合作，实现更高效的基础设施建设和更紧密的（跨）区域一体化合作，并在维护全球化、反对孤立主义和保护主义上达成更深的共识。

第三，中国和部分拉美国家间的自由贸易协定已经证明了降低贸易成本、优惠市场准入对扩大双边贸易额、促进双方经济发展起到了积极作用，因此，扩大、升级和深化中拉自贸协定、推进新的自贸协定谈判，也将使得双方继续受惠。无论是中国还是拉美，均在积极推动 WTO 体系下的贸易便利化的工作和谈判中起到了重要作用，是全球化的坚定拥护者。在未来，中拉贸易、商务和海关等部门或可通过建立定期的合作和交流机制，就制定和应用相关贸易法规以及国家级的卫生和植物检疫和技术性贸易壁垒的措施展开交流，在具体操作层面继续扫清壁垒。以中国为代表的亚洲国家在基础设施、电子商务、国际物流领域取得的成就和累积的经验有目共睹，无论是中拉之间，还是拉美地区，都可以以水平更高、范围更广的基础设施合作来改善贸易基础设施和缺乏竞争力的物流系统，由之带来的贸易成本的降低也为双方，乃至全球带来更大的收益，最终推动全球可持续发展目标的实现。

第四，对于中国而言，难免受到全球经贸大格局的影响。除拉美之外，对于本书中提及的其他重点贸易伙伴，中国也应该一以贯之地推进与一体化组织和跨区域组织的经济合作，坚定拥护多边贸易体系，加强自身参与全球价值链的深度和广度，并积极参加全球经济和社会治理，以全球最大发展中经济体的身份坚定不移地促进和推动全球化的发展。同时，注意避免其他国家对于中国投资的限制，与重点贸易伙伴广泛展开经济、贸易，特别是科研合作；保持在当下的世界贸易体系中的优势的同时，进行国内产业升级并加快高科技产品的自主研发和生产，持续提升中国产品在全球贸易中的竞争力。

参考文献

一、中文文献

[1] 白洁，苏庆义．《美墨加协定》：特征、影响及中国应对［J］．国际经济评论，2020（06）：123－138，7．

[2] 柴瑜，郑猛．拉美自贸协定中贸易便利化水平测度——以哥伦比亚为例［J］．南开学报（哲学社会科学版），2016（02）：21－32．

[3] 柴瑜，王效云．自贸协定中投资自由化水平评价——基于哥伦比亚三个主要自贸协定的研究［J］．太平洋学报，2018，26（12）：74－85．

[4] 池漫郊．《美墨加协定》投资争端解决之“三国四制”：表象、成因及启示［J］．经贸法律评论，2019（04）：14－26．

[5] 崔连标，朱磊，宋马林，郑海涛．中美贸易摩擦的国际经济影响评估［J］．财经研究，2018，44（12）：4－17．

[6] 东艳，徐奇渊．直面中美贸易冲突［M］．中国社会科学出版社，2021．

[7] 高奇琦．中美拉三边关系的影响因素及其战略应对

[J]. 国际观察，2015（05）：132－144.

[8] 洪朝伟，崔凡.《美墨加协定》对全球经贸格局的影响：北美区域价值链的视角[J]. 拉丁美洲研究，2019，41（02）：25－43，154－155.

[9] 黄鹏，汪建新，孟雪. 经济全球化再平衡与中美贸易摩擦[J]. 中国工业经济，2018（10）：156－174.

[10] 李春顶，何传添，林创伟. 中美贸易摩擦应对政策的效果评估[J]. 中国工业经济，2018（10）：137－155.

[11] 李西霞.《美墨加协定》劳工标准的发展动向及潜在影响[J]. 法学，2020（01）：183－192.

[12] 刘超，李瑞. 中美关税变动对两岸贸易福利的影响分析[J]. 亚太经济，2019（03）：141－148，152.

[13] 柳剑平，张兴泉. 产业内贸易、产业结构差异与中美贸易摩擦——与中日贸易摩擦的比较分析[J]. 世界经济研究，2011（05）：27－32，63，87－88.

[14] 林屾. 中智自贸协定对企业创新与竞争力的效应[J]. 拉丁美洲研究，2020，42（05）：26－48，155.

[15] 吕宏芬，郑亚莉. 对中国—智利自由贸易区贸易效应的引力模型分析[J]. 国际贸易问题，2013（2）：49－57.

[16] 马科斯·C. 皮雷斯，卢卡斯·G. 德纳西门托，于蔷. 新门罗主义与中美拉三边关系[J]. 拉丁美洲研究，2020，42（04）：33－48，155.

[17] 史沛然. 中美贸易摩擦下的拉丁美洲：基于贸易数据

的发现和思考［J］. 国际经贸探索，2019，35（10）：71－90.

［18］史沛然，李奇泽．中美贸易摩擦中的贸易伙伴替代研究［J］. 江西社会科学，2020，40（06）：75－88.

［19］宋泓．中美经贸关系的发展和展望［J］. 国际经济评论，2019（06）：74－99，6.

［20］宋利芳，武晥．《美墨加协定》对中墨经贸关系的影响及中国的对策［J］. 拉丁美洲研究，2019，41（02）：57－79，156.

［21］苏振兴主编．中国与拉丁美洲：未来10年的经贸合作［M］. 中国社会科学出版社，2014.

［22］孙飞，吴崇宇，陈福中．中国进口商品价格传导效应及其变动趋势：进口商品Armington替代弹性的视角［J］. 中国工业经济，2017（07）：81－98.

［23］肖志敏，冯晟昊．中美贸易摩擦的经济影响分析——基于增加值贸易视角［J］. 国际经贸探索，2019，35（01）：55－69.

［24］于铁流，李秉祥．中美贸易摩擦的原因及其解决对策［J］. 管理世界，2004（09）：67－72，80.

［25］殷敏．《美墨加协定》投资者—国家争端解决机制及其启示与应对［J］. 环球法律评论，2019，41（05）：160－174.

［26］余振，周冰惠，谢旭斌，王梓楠．参与全球价值链重构与中美贸易摩擦［J］. 中国工业经济，2018（07）：24－42.

［27］杨幸幸．《美墨加协定》金融服务规则的新发展——

以 GATS 与 CPTPP 为比较视角［J］. 经贸法律评论，2019（04）：45－58.

［28］岳云霞．中拉经贸合作：改革开放的动能、影响与导向［J］. 海外投资与出口信贷，2018（06）：25－29.

［29］岳云霞，吴陈锐．中智自贸协定贸易效应评价——基于引力模型的事后分析［J］. 拉丁美洲研究，2014，36（06）：55－59，65.

［30］曾铮，张路路．全球生产网络体系下中美贸易利益分配的界定——基于中国制造业贸易附加值的研究［J］. 世界经济研究，2008（01）：36－43，85.

［31］周茂荣，杜莉．中国与美国货物贸易互补性的实证研究［J］. 世界经济研究，2006（09）：45－52.

［32］周念利，陈寰琦．基于《美墨加协定》分析数字贸易规则"美式模板"的深化及扩展［J］. 国际贸易问题，2019（09）：1－11.

［33］周政宁，史新鹭．贸易摩擦对中美两国的影响：基于动态 GTAP 模型的分析［J］. 国际经贸探索，2019，35（02）：20－31.

［34］周志伟，岳云霞．中拉整体合作：机遇、挑战与政策思路［J］. 世界经济与政治论坛，2016（05）：122－135.

［35］朱文忠，张燕芳．中拉产能合作的机遇、挑战与对策建议［J］. 国际经贸探索，2018，34（04）：60－74.

二、外文文献

[1] Anderson J E, Van Wincoop E. Gravity with gravitas: A solution to the border puzzle [J]. American economic review, 2003, 93 (1): 170 -192.

[2] Anderson J E, Vesselovsky M, Yotov Y V. Gravity with scale effects [J]. Journal of International Economics, 2016, 100: 174 -193.

[3] Andrew B. Bernard, J. Bradford Jensen, Peter K. Schott. Survival of the best fit: Exposure to low - wage countries and the (uneven) growth of U. S. manufacturing plants [J]. Journal of International Economics, 2005, 68 (1).

[4] Antràs P, Chor D. Global value chains [J]. NBER Working Paper, 2021.

[5] Armony A C, Strauss J C. From going out (zou chuqu) to arriving in (desembarco): Constructing a new field of inquiry in China - Latin America interactions [J]. The China Quarterly, 2012, 209: 1 -17.

[6] Asian Development Bank. 2018 - 08. Asian development outlook (ADO) 2018 update: maintaining stability amid heightened uncertainty [BD/OL]. https: //www. adb. org/publications/asian - development - outlook -2018 - update.

[7] Baier S L, Bergstrand J H. Do free trade agreements actually increase members' international trade? [J]. Journal of international

Economics, 2007, 71 (1): 72 –95.

[8] Balassa B. Trade liberalisation and "revealed" comparative advantage 1 [J]. The manchester school, 1965, 33 (2): 99 –123.

[9] Baldwin R E, Ito T. Quality competition versus price competition goods: An empirical classification [R]. National Bureau of Economic Research, 2008.

[10] Baldwin R, Taglioni D. Gravity for dummies and dummies for gravity equations [J]. NBER Working Paper, 2006.

[11] Baumann R. Some recent features of Brazil – China economic relations [J]. ECLAC Magazine, 2009.

[12] Bernal – Meza R. China and Latin America relations: The win – win rhetoric [J]. Journal of China and International Relations, 2016.

[13] Borin A, Mancini M. Measuring what matters in global value chains and value – added trade [J]. World Bank policy research working paper, 2019 (8804).

[14] Bouët A, Laborde D. US trade wars in the twenty – first century with emerging countries: Make America and its partners lose again [J]. The World Economy, 2018, 41 (9): 2276 –2319.

[15] Caliendo L, Parro F. Estimates of the trade and welfare effects of NAFTA [J]. The Review of Economic Studies, 2015, 82 (1): 1 –44.

[16] Carvalho M, Azevedo A, Massuquetti A. Emerging coun-

tries and the effects of the trade war between US and China [J]. Economies, 2019, 7 (2): 45.

[17] CEPAL. Economic and trade relations between Latin America and Asia Pacific: The link with China [M]. ECLAC, United Nations, 2008.

[18] CEPAL. Latin American economic outlook 2016: Towards a new partnership with China [M]. ECLAC, United Nations, 2015.

[19] CEPAL. Exploring new forms of cooperation between China and Latin America and the Caribbean [M]. ECLAC, United Nations, 2018.

[20] Cheng I H, Wall H J. Controlling for heterogeneity in gravity models of trade and integration [J]. Federal Reserve Bank of St. Louis Review, 2005, 87 (1): 49 - 63.

[21] Chong T T L, Li X. Understanding the China - US trade war: Causes, economic impact, and the worst - case scenario [J]. Economic and Political Studies, 2019, 7 (2): 185 - 202.

[22] da Silva Bichara J, Monsueto da Silva S E, Moreira Cunha A, et al. Business cycle convergence and trade: Brazil and China in a changing world [J]. Journal of Economic Policy Reform, 2016, 19 (1): 39 - 64.

[23] De Gortari A. Disentangling global value chains [R]. National Bureau of Economic Research, 2019.

[24] Devarajan S, Go D S, Lakatos C, et al. Traders' dilemma:

Developing countries' response to trade wars [J]. The World Economy, 2021, 44 (4): 856 - 878.

[25] de Piñeres S A G, Ferrantino M J. Export dynamics and economic growth in Latin America: A comparative perspective [M]. Routledge, 2018.

[26] Dreyer H. How distance and different areas of cultivation determine European food and agricultural trade flows [C] //53rd Annual Conference, Berlin, Germany, September 25 - 27, 2013. German Association of Agricultural Economists (GEWISOLA), 2013 (156226).

[27] Dreyer H. Misaligned distance: Why distance can have a positive effect on trade in agricultural [R]. 2014.

[28] Eichenauer V Z, Fuchs A, Brückner L. The effects of trade, aid, and investment on China's image in Latin America [J]. Journal of Comparative Economics, 2021, 49 (2): 483 - 498.

[29] Feenstra R C, Luck P, Obstfeld M, et al. In search of the Armingtonelasticity [J]. Review of Economics and Statistics, 2018, 100 (1): 135 - 150.

[30] Ferchen M. China - Latin America relations: Long - term boon or short - term boom? [J]. The Chinese Journal of International Politics, 2011, 4 (1): 55 - 86.

[31] Flückiger M, Ludwig M. Chinese export competition, declining exports and adjustments at the industry and regional level in

Europe [J]. Canadian Journal of Economics/Revue canadienne d'économique, 2015, 48 (3): 1120 - 1151.

[32] Fung K C, Hwang H C, Ng F, et al. Production networks and international trade: China, Brazil and Mexico [J]. The North American Journal of Economics and Finance, 2015, 34: 421 - 429.

[33] Gale F, Valdes C, Ash M. Interdependence of China, United States, and Brazil in Soybean Trade [J]. New York: US Department of Agriculture's Economic Research Service (ERS) Report, 2019: 1 - 48.

[34] Gandolfi D, Halliday T, Robertson R. Trade, FDI, migration, and the place premium: Mexico and the United States [J]. Review of World Economics, 2017, 153 (1): 1 - 37.

[35] Gonzalez, A. Latin America China Trade and Investment Amid Global Tensions: A Need to Upgrade and Diversify [DB/OL]. 2018 https: //www. atlanticcouncil. org/images/publications/Latin - America - China - Trade - and - Investment - Amid - Global - Tensions. pdf.

[36] Head K, Mayer T. Gravity equations: Workhorse, toolkit, and cookbook [M] //Handbook of international economics. Elsevier, 2014, 4: 131 - 195.

[37] Hummels D, Ishii J, Yi K M. The nature and growth of vertical specialization in world trade [J]. Journal of international Economics, 2001, 54 (1): 75 - 96.

[38] Iacovone L, Rauch F, Winters L A. Trade as an engine of creative destruction: Mexican experience with Chinese competition [J]. Journal of International Economics, 2013, 89 (2): 379 -392.

[39] Jenkins R. China and Brazil: Economic impacts of a growing relationship [J]. Journal of Current Chinese Affairs, 2012, 41 (1): 21 -47.

[40] Jenkins R. Is Chinese Competition Causing Deindustrialization in Brazil? [J]. Latin American Perspectives, 2015, 42 (6): 42 -63.

[41] Jenkins R, de Freitas Barbosa A. Fear for manufacturing? China and the future of industry in Brazil and Latin America [J]. The China Quarterly, 2012, 209: 59 -81.

[42] Jenkins R, Peters E D, Moreira M M. The impact of China on Latin America and the Caribbean [J]. World Development, 2008, 36 (2): 235 -253.

[43] Johnson R C, Noguera G. Accounting for intermediates: Production sharing and trade in value added [J]. Journal of international Economics, 2012, 86 (2): 224 -236.

[44] Koopman R, Powers W, Wang Z, et al. Give credit where credit is due: Tracing value added in global production chains [R]. National Bureau of Economic Research, 2010.

[45] Koopman R, Wang Z, Wei S J. Tracing value - added and double counting in gross exports [J]. American Economic Review,

2014, 104 (2): 459 - 94.

[46] Kuwayama M, Rosales O. China and Latin America and the Caribbean: Building a strategic economic and trade relationship [M]. ECLAC, United Nations, 2012.

[47] Lall S. The Technological structure and performance of developing country manufactured exports, 1985 - 98 [J]. Oxford development studies, 2000, 28 (3): 337 - 369.

[48] Lall S, Weiss J. China and Latin America: Trade competition, 1990 - 2002 [M]. OECD, 2007.

[49] Laursen, K. Trade specialisation, technology and growth: Theory and evidence from advanced countries [M]. Cheltenham, UK and Lyme, US: Edward Elgar, 2021.

[50] Lin J Y, Wang X. Trump economics and China - US trade imbalances [J]. Journal of Policy Modeling, 2018, 40 (3): 579 - 600.

[51] Lin Y. Is China relinquishing manufacturing competitiveness to Mexico in US markets? [J]. China & World Economy, 2015, 23 (4): 104 - 124.

[52] Mc Daniel C A, Balistreri E J. A review of Armington trade substitution elasticities [J]. Economieinternationale, 2003 (2): 301 - 313.

[53] Ossa R. Trade wars and trade talks with data [J]. American Economic Review, 2014, 104 (12): 4104 - 46.

[54] Ratliff W. In search of a balanced relationship: China, Latin America, and the United States [J]. Asian Politics & Policy, 2009, 1 (1): 1 -30.

[55] Silva J M C S, Tenreyro S. The log of gravity [J]. The Review of Economics and statistics, 2006, 88 (4): 641 -658.

[56] Stallings B. Dependency in the twenty - first century?: The political economy of China - Latin America relations [M]. Cambridge University Press, 2020.

[57] Timini J, El - Dahrawy Sánchez - Albornoz A. The impact of China on Latin America: Trade and foreign direct investment channels [J]. Banco de Espana Article, 2019: 7 -19.

[58] Tingergen J. Shaping the world economy, an analysis of world trade flows [J]. New York. Twentieth Century Fund, 1962.

[59] Torre Medina M. Chinese trade Bilateralism and Latin America: The case of China - Chile Free Trade Agreement [J]. México y la cuenca del pacífico, 2020, 9 (27): 109 -128.

[60] Vadell J A. China in Latin America: South - South cooperation with Chinese characteristics [J]. Latin American Perspectives, 2019, 46 (2): 107 -125.

[61] Yotov Y V, Piermartini R, Monteiro J A, et al. An advanced guide to trade policy analysis: The structural gravity model [M]. Geneva: World Trade Organization, 2016.

[62] Wise C. Playing both sides of the Pacific: Latin America's

free trade agreements with China [J]. Pacific Affairs, 2016, 89 (1): 75 - 100.

[63] Wise C, Chonn Ching V. Conceptualizing China - Latin America relations in the twenty - first century: The boom, the bust, and the aftermath [J]. The Pacific Review, 2018, 31 (5): 553 - 572.

[64] World Bank. World development report 2020: Trading for development in the age of global value chains [M]. The World Bank, 2020.

[65] WTO, UNCTAD. A practical guide to trade policy analysis [M]. World Trade Organization and United Nations, 2016.

后　记

本书是我对中美拉三边经贸关系的阶段性研究，也是我的第一本学术专著。成为中国社会科学院拉丁美洲研究所的一员后，在集体研究项目之外，有很长的一段时间，我反复地思考和探索，并一再地向师长们求教，什么可以成为我个人中长期的研究问题。

于是在从事拉美研究六年之后，有了这本小书。这既是我试图解答遥远的拉丁美洲和加勒比地区对中国到底意味为何的一份阶段性答卷，亦可被视作个人学术培训和研究兴趣结合的尝试。选择拉美研究、特别是中拉经济关系的初衷在于，在我心中，“南南合作”是20世纪最伟大也是最迷人的治理愿景之一，能为之做出一点微小的贡献，正是朝闻道的一种方式。

2018年，我第一次到访拉美，同年年底，又前往美洲开发银行总部借调，在贸易和一体化部门承担的中拉和亚拉双边贸易的相关工作则是这本书最初的研究灵感来源。同时，也是这段短暂的工作经历，再加上2018年以来的全球贸易震荡格局，让我意识到“南南合作”的愿景，从来也没有脱离来自北方的凝视，于是，双边的研究逐步延展至三边，而三边的关系，也正是全球化大背景下的一部分。

本书的部分内容源自我2019年以来陆续发表在国内学术期刊的论文，在成书时重新更新了数据，以期能稍微兼具“学理”和“时效”。在写作的过程中，系统性地整理和回顾过去几年来的研究成果也给予了我新的研究灵感，可惜囿于主题和结构的限制，暂时没有收入书中。

拉美研究是我结束多年的海外求学和工作后从事的第一份工作，这几年来，无论是研究方向和方法，还是前往拉美和美国的调研，一路上都得到了许多师友无私的帮助和督促。直、谅且多闻，于师于友，都是我极大的幸运。而各位认真负责、为本书付出心力的编辑和校对老师们，也为拙作得以面世做了许多工作。在此遥遥鞠躬，一并致谢。拙作内容上的不足或是疏漏，均由作者负责，也希望读者不吝斧正。对于研究者而言，研究的意义正在于此：有交流和回音，作者才能有进步。

行文至此，还想冒昧致敬一位素未谋面但敬重已久的前辈。在我人生的许多阶段，都受到他文字的滋养和鼓舞，在英国时曾无数次经过他求学和生活的街道，来到北京的第一年，也受他的文字的感染，写下过一个和本专业无关的故事，让我开启了学术研究之外的另一片天地。而在写作这本书时，正好搬到了他曾经描绘过的街区，所以每当为写作所苦时，一想到就生活在热爱的作家笔下之地，仿佛冥冥之中，得到了他的庇护。

犹记得还是博士生时，某位前辈教授来学校给全学院的博士生开讲座，他曾发问，研究中最可贵的是什么？当时作答者踊跃，他笑着给出自己的答案，“新奇（Novelty）。”因此在本书的最后，厚颜希望读到这本书的人，若是能从中得到一点“新奇”，抑或是觉得此书能填平相关领域上的“缺口”（Gap）哪怕毫厘，都是作者莫大的荣幸了。

谨此为记。

史沛然

2021 年初冬